U0100697

大展好書 好書大展

大展好書 好書大展

實用心理學講座

9

責罵部屬的藝術

多湖輝／著
馬曉莉／譯

大展出版社有限公司

前言

・每次都犯同樣的錯誤　・不加反省藉口一堆　・一被罵心情也跟著受影響根本罵不得。你是否也有類似上述的部屬？有很多身為上司的人在面對這種部屬時都會很想放棄。

不過，不管是多麼差勁的部屬，他們都是公司相當寶貴的戰力，所以，你當然不能放棄。雖然你可以把他的考績打到最低，但同時身為上司的你自己也有責任，那麼，身為上司的你究竟該怎麼做才好呢？

棒球評論家川上哲治當他還是巨人隊的領隊時，他每一天都會觀察選手的臉色。像他這麼有名的人，都會先看選手的臉色，也就是先了解選手的心理，再決定該如何指導他。

有的原因是做上司的不聽部屬說什麼，但多半的因素還是在於他們不了解部屬的心理。了解部屬的心理，再依他們的類型去指導他們才是指導，培養部屬最重要的方法。

實際上公司內有各種不同的人，即使你同樣地責罵他們，他們的接受程度及反應也各有不同。有的會接受，也有的只是表面接受。有的反抗心很強，有的一被罵就很傷心。各種類型都有。

若了解這類的區別，只是一時地責罵，不僅罵的效果不佳，有時還會招來反效果。所以身為上司的必需先了解自己的部屬各屬於哪一種類型，才依最適合他們的方式責罵他們。

我們這些戰前出生的人，幾乎從小就被父母及老師罵長大。有些人認為以教育的觀點應採取愛的教育，所以現在的小孩有很多不習慣被罵。

由於自己的部屬當中有很多不習慣被罵，所以上司也不敢罵，最後只會造成更多不習慣被罵的部屬。其實責罵有時扮演了相當重要的溝通角色，有感於此我把以前寫過的「責罵部屬的心理作戰」一書加以整理後完成了本書。

希望本書能對苦於如何指導部屬，如何使組織活性化起來的上司有些許幫助。

多湖　輝

目錄

第二章　記仇型的責罵方法

第三章　目中無人型的責罵方法

第四章　驕傲自滿型的責罵方法

第五章　沮喪型的責罵方法

第六章　徒勞無功型的責罵方法

第一章　不順從型的責罵方法

分辨不順從型的方法

這種類型的人很容易區分出來，他們多半不喜歡被罵，一被罵就擺一個臉出來。以心理上來分析，這種人較沒有耐性，會很直接表達出自己的感情。平常遇有不愉快的事也會立刻寫在臉上，他們不擅控制自己的感情，幼兒性格還很強烈。平常在生活或工作上感情的起伏很大，話也較多、個性外向。以心理學上的分類，他們屬於情感強烈的人，內心所想的會表現出來。

欲求不滿英文把它稱做是挫折、失敗（frustration），還有點「阻止」的意思在。人心中若有不滿沒有宣洩出來，就好像水管塞住了一樣，裡面的壓力會升高，這便是欲求不滿的狀態。這逐漸升高的壓力必需找到一個出口宣洩，而他們表達的方式則非常直接，也就是本章所說的不順從型。這類型的人很容易看出來，辨識方法也不是那麼難。你可採取為他找一個出口讓他宣洩的方法。

罵對他們來說有禁止、阻止的意思在，所以當他們被罵時便會有欲求不滿的現象。所以罵他們時必須考慮到這一點。

可從被罵前的不滿與被罵後的不滿看他們，並把不滿導向他們希望的方向。他們基本上是很誠實的，若他們能了解上司對他的用心，他們也會成為很可愛的部屬，可與你配合得很好。

●不順從型的責罵方法①

若部屬還不習慣被罵，可平常就告誡他公司要求是很嚴格的

以前東京、兩國的煙火大會時曾發生過大混亂。本來那是要在經過二座橋時邊欣賞煙火美景的，不過有些不知情的群衆在第一座橋時就停住不動，後面跟著的人也變成動彈不得，大家擠成一團。

機動隊想要排解這種情況，最後卻演變成大混亂。大會人員後來找我詢問有沒有順利疏散人群的方法，我建議他們當群衆在等的時候，就要讓群衆知道另一座橋也看得到。最後用海報及廣播做宣導，讓大家知道在下一座橋也看得到煙火，結果第二年就順利疏解了這種現象。

我之所以會說起這件事，是要說明人在不理解的狀況下是很難接受某些事的，一般人都有這種傾向。比方走在路上突然有不認識的人叫你站住，你一定會很生氣，可是看到紅燈要停下來，大概沒有人會生氣，那是因為大家都能夠理解紅燈是要停下來的。

以前的軍隊便能夠巧妙地利用這種「理解心理學」。在他們入伍時便告誡他們軍隊有很

多要求不盡合理之處，所以當他們被揍時也不會有怨言。現在好像也有一些大學的啦啦隊巧妙地運用這種心理。大家都知道低年級的人照規定要服從高年級的人，所以低年級的人絕對不會去反抗低年級的人。

這種理解的心理效果也可用在上班族身上。若一開始就被告知公司非常的嚴格，即使再不順從的人也可接受你的責罵。尤其對那些新進職員還不習慣被罵時，預先告知他們會比較好。不然你忽然對他很嚴格只會引起他的反抗心理，若一開始就讓他了解公司是很嚴格的，他的反抗心理也就不會有了。

●不順從型的責罵方法②

責罵之前先拉近雙方的距離

我忘記叫什麼名字了，只記得很久以前看過的一部電影的一幕是這樣的：

有一個貧窮的青年他因犯了殺人罪，在自首之前要與他母親道別，他哽咽著對他母親說：「抱歉、媽媽！」之後就再也說不出任何話了。他的母親含著淚對他說：「你是我兒子，永遠都是……。」

由於他母親的一席話，讓他兒子產生了無比的勇氣。雖然是那麼簡短的一句話，卻化解了他兒子的不安與恐懼。

讓對方了解你是與他站在同一線上的，往往比其他任何事都重要。

上司責罵部屬的情況也是一樣的。當兩個人緊密地結合在一起時，即使一方被責罵也會較安心，不像若對彼此的關心不信任、自我防衛的本能會促使反抗心更加強烈。反抗心強的部屬他們這種傾向更加強烈。

所以對待這種部屬，你可以跟他說：「我現在不告訴你，你以後會更頭痛。」「我罵你是為了你好。」

總之，責罵他必須採拉近彼此距離的方法，而不是加深你們之間的距離。經營之神松下幸之助說：「被罵應該覺得幸福。因為我覺得你有希望才會罵你。」縮短你與部屬的距離，當你責罵他的時候，他的不安與反抗便會減少。

接下來，責罵過後，你可插入一些別的話題，如此，可加深彼此之間的信賴關係。若你只是不斷地重複說教，反而只會得到反效果。

●不順從型的責罵方法③

若公司很嚴格，在你責罵他之前要先讓他說他想講的

素有「財團界的鬼法師」之稱的土光敏夫先生，他在重建東芝時有一個非常有名的療法。他在就任社長時第一句話就說：「員工要花三倍力量工作，重要幹部就要花十倍，社長則更要加倍。」社長本身站在前線上，部長課長當然也不可免，一般員工就不用說了。不知不覺中大家上班的時間都提早了，公司內部也整個活潑起來。

土光先生一向堅持「社長不可以站在人群之外」，所以他想出了一個很有趣的方法。他規定從早上七點半到董事會議開始八點半之間，開放社長室，員工有什麼問題可以直接來找社長談。

剛開始時大家都不敢去開啟社長之門，一段時間以後，一個、二個愈來愈多，最後一個小時都不夠用。如此一來大家的士氣也愈來愈高，東芝重建的成績也非常理想。

土光先生打開社長大門的方法，其實是抓住了人的心理。首先他把自己放在一個無防備的位置上，去除了人們反抗的心態。他們要對社長說抱怨的話，自己先前也要先想好自己該

如何說，所以他也會理性分析社長說的，也較能接受社長較嚴厲的話語。

土光去除了部屬反抗的心態，雖然他無法每天笑臉給部屬看，且每天要罵他們，所以這等於是他想出來的一項對策。在責罵部屬時也要考慮一下技巧，平常就讓部屬也能講出他們想講的話，部屬在面對你的責罵時態度也會不一樣。

●不順從型的責罵方法④

部屬臉上很快出現「又來了呀！」的表情時，需找機會誇獎他

部屬裡面若有人對你的責罵覺得不耐煩的話，上司必需負一半的責任。有的上司為了保持自己的威嚴常會責罵他們，反而很少稱讚他們。不過，若站在部屬的立場想想，其實這是很好的方法。

這可以比擬做「對比效果」，美術課我們曾學過二個顏色放在一起產生的強烈對比，這也可以應用到語言上。

比方經常說話很嚴格的人忽然說話很溫和時，一定會很奇怪，相反地，做事很寬容的人忽然生氣也會叫大家嚇一跳。採取與平常不一樣的態度或說與平常不同的話，會留給別人相

不順從型部屬的區分方法①

平常話很多，想到什麼就馬上說出來

對人的好惡很強烈

當深刻的印象。平常儘量稱讚部屬，偶而責罵他們便會留給他們深刻的印象。

若想提昇責罵部屬的效果，用說話的對比效果是非常有用的。你可從平常做起，平常不管部屬做什麼都多稱讚他們。

平常當一個經常稱讚部屬的上司，在需要時只要稍加責罵，效果便會非常地好。對部屬而言，經常稱讚他們的上司也會叫他們較心服。

●不順從型的責罵方法⑤

部屬犯錯時，要裝做你不知道他的「前科」的樣子

駕駛人在違反交通規則時，會遇到令人想遵從他的警察，也會遇到令人厭惡反感的警察。為什麼會有這種差別呢?原因在於警察對駕駛人的態度。其中有一點我覺得很有趣，那就是警察在看駕照背面記載的違反記錄時的反應，佔很大的因素。

駕照背面有寫違反交通規則記錄的，往往不太想讓人看到，但警察的任務又非看不可。看了記錄之後沒說什麼就開罰單的，駕駛人多半較心服口服。若會嘮嘮叨叨以前有什麼記錄的警察，則會引起別人的反感。

我不知自己沒有這種經驗是幸還是不幸，可是我可以了解駕駛人的這種心理。佛洛伊德曾說：「人潛在性會想抹去以前不愉快經歷。」所以，人類對別人以過去來評斷現在的自己會很反感。尤其當自己以前曾犯過的錯又被揭發出來時，反感會更加深。

在責罵部屬時情形也是一樣的，儘量針對他現在的錯誤責罵他的話，他比較容易接受。若你一直看他過去的錯誤並且跟他說：「你那時也這樣，現在又這樣。」他會對你說的話很反感，自然罵他也不會有什麼效果。

不過，若部屬老是犯同樣的錯誤，你難怪會特別注意。此時你可以注意他是否有在意你以前責罵他的話，並看他是否有改進與成長，儘量避免又重複以前責罵過的話。

●不順從型的責罵方法⑥

若部屬覺得你態度傲慢，可以先表示你不會說傲慢的話

有一種方法俗稱「擱置法」，這種方法是絕口不提自己的錯，只說出別人的缺點，也就是先說對方不好，夫妻吵架及兄弟姐妹吵架都屬這種類型。

基本上，上司在責罵部屬時也多半是這種「擱置法」，正因為這世上沒有完全沒有缺點

的人，所以若不把自己的不好放一邊便無法去責備他人。但若只是嚴以待人、寬以律己，會讓部屬覺得你太傲慢，假上司的權威等，最後引起他們的反感，所以在責罵部屬時自己也要以身作則。

同志社大學的創立者新島襄先生提到，有一次同志社的學生反對學校經營方針紛紛罷課，他在朝會時招集了所有的學生對他們說：「這次的錯都是身為校長的我，現在我要自己處罰自己。」於是他在朝會台上用棍子打自己。

若能嚴格要求自己，部屬對你講的話也會較聽從。

在責罵部屬時若能先表示自己不會說一些很踐的話，往往會有意想不到的效果，部屬也會誠心接受你的責罵。也就是當你表示自己是與部屬站在同一線上時，便可化解對方的恐懼與警戒，進而縮短彼此間的距離。

本世紀最偉大的科學家愛因斯坦在做學問上相當嚴格，但他也有相當溫柔和藹的一面。他有一次來日本時，接待他的人請他搭上人力車時，他搖頭回答說：「我還沒那麼偉大到要坐人力拉的車，我可以用自己的腳走路。」於是他與朋友手牽著手快樂地走在街上。經過這件事，周圍的人都把他當作是朋友。

其實這說明了若你只是站在高不可攀的立場來說話，一定得不到部屬的信賴。

●不順從型的責罵方法⑦

部屬不服你時，可以故意在部屬面前表示不服你上司給他看

職棒的一場比賽中，教練告訴在打擊位上的選手再稍等一下，結果他沒有聽教練的話硬是打了出去，比賽結束後教練問他說你難道沒有看到我的手勢？他回答說：「看是看到了，不過目前比數已經二比零了，我不能再等！」教練氣得去問採用他的人說：「要我還是要他，你們自己選擇吧！」最後是以道歉謝罪收場。

職棒的教練相當於企業中的中間管理職，他不站在選手的立場來想，而直接告到上面去，對選手而言當然不滿，這樣還會讓其他的人也對他產生反感。

不只對部屬嚴格，該對上面講的話也該說出來，即使對自己會不利，也採取毅然決然的態度，這種中間管理職才會得到部屬的信賴。基於這種信賴感你說的話才會有說服力，對上面的人唯命是從的人，當然也就無法取得部屬的信賴。

在中央政府工作的某技官在提出票價問題時，被別單位的部長數落了一番，技官把這件事告訴他的直屬課長時，課長立刻打電話給那位部長說：

「若我的部屬有什麼不對的地方我會罵他，你做的事是越權的。」

聽到這些話時這個技官自然深深被打動。部屬其實對上司平常的處事方式是很敏感的。對下面嚴格對上面奉承的上司得不到部屬的信任，若你也對你的上司採取斷然的態度，部屬對你的責罵自然也聽得進去。

●不順從型的責罵方法⑧

在未與部屬建立起信賴關係時可採一對一的責罵方式

在工作上上司責罵部屬也可說是人格與人格的對碰，所以，責罵往往也是上司與部屬之間的一種溝通方法。

尤其在還沒有與部屬建立起信賴關係之前，部屬常會想到萬一自己做錯事時上司會有何反應，所以他們會依上司罵人的方式得知上司的想法及工作方式。若上司沒有反應，他們會覺得自己的存在價值是否被否定了，進而陷入不安當中。

責罵算是上司與部屬之間的溝通，若不採取個別應對是不會成功的。所謂個別應對就像書面上的意思，是指個人與個人的直接對應關係。比方萬人之上的董事長若能叫出一個普通

不順從型部屬的區分方法②

經常很情緒化且任性

個性很老實，無法藏住話

職員的名字，他一定會很感激，這表示董事長知道他的存在。

這個故事已經有二十年了，話說三菱綜合研究所的牧野昇先生在擔任三菱製鋼市川製造所的董事長時，當然市川製造所已連續了十八年的赤字，可是他僅用了二年的時間，便把赤字轉為黑字。市川製造所的生產量，當時是歐洲最大的磁鐵工廠，它與西德一家叫做DES的工廠齊名，但生產性卻是它的四倍。其原因就在於牧野先生對待精艮部屬的方法與歐洲人不同。

在歐洲，上層的人幾乎沒有機會與現場的部屬接觸。牧野先生則是親自穿上現場的鞋子，脖子上綁上汗巾，身穿作業服進入現場巡視每一位員工，並給他們打氣加油，如此一來提升了工作士氣，收益自然也提升了。

對工作的欲望會因自己的存在被認可而提高，這種個別對應的方法，比你罵大家還有效。

●不順從型的責罵方法⑨

不要倚老賣老

二年前踏入社會的一個學生來研究室找我，提起他新單位的一個四十五歲股長，這位股長經常說我們以前怎樣怎樣之類的話。比方：「我以前很努力，可是你們就不一樣了，若不努力點，就別想當上公司的幹部了。」

這個學生從以前做學生時就是溫和敦厚型的，他對股長說的話倒沒什麼反抗的感覺，只是覺得他很囉嗦。

倒不是我坦護我的學生，而是年輕人多半對老一點的人說，最近的年輕人怎樣怎樣之類的話會很反感。當上司責罵部屬時，若你只是說以前怎樣怎樣，他根本不了解你的過去，又怎能信服。

這種老調重提，對現在的情報、文化、流行沒有興趣的人，基本上在心理上已經出現了「老化的現象」。這類現在的年輕人怎樣怎樣之類的話，不適用在年輕人身上，只適合用於與自己同年齡層的人。

第二章 記仇型的責罵方法

分辨記仇型的方法

比不順從型難分辨的是所謂記仇型的人。表面上看起來好像很聽從上司的話，很順從的樣子，即使有什麼不高興也不會表現出來。

其實本來這類型的部屬就有挑剔的傾向，心中常存欲求不滿，不過他不會輕易表現出來，其積壓的部份不知哪一天會爆發出來。一旦他表現出自己的不滿時，必是有了萬全的準備。

當你發現他臉上毫無表情時，可能他正在克制自己不滿的情緒。屬於這類型的部屬若受過社會訓練，在言辭上會很配合上司，你就更難以察覺了。不輕易表達自己喜怒哀樂的人便屬於這種型，他也不是沒有喜怒哀樂，他只是不會輕易直接地將自己的感情表達出來。

所以當你責罵這類型部屬時，他也許表面上說是是，內心在想什麼則很難懂。表面上好像接受了，但不滿與反抗則不知何時會爆發出來。所謂記仇型便是在你罵過他之後，會出現記仇的現象。所以太乖又完全沒有反抗的人，你可以把他歸於是這類型的人。

本章就來看看應付這種部屬的方法。

●記仇型的責罵方法①

部屬犯錯時先聽聽他對整個事件的詳細報告

當部屬犯了重大的錯誤或是對工作的方法有疑問時，上司當然要特別注意他，不過你也要考慮到部屬的心情。

尤其話都藏在心裡的部屬，你更要去了解他。

若你無視部屬的心情及想法，只以監督者的立場說他，這並不代表你完全盡了監督者的義務。此時除了解決問題之外，還必需了解部屬的心理，這必需要有高度的管理技巧。聽起來好像很難，但只需稍微應用一點心理技巧並不是那麼難。

比方發生事件以後，聽他講講整個事件的報告，會有意想不到的效果。先聽聽他的報告，看看他們對整個事件的報告，及把握的狀況如何，也可從中知道他們的想法。

在詳細檢討整個事件時，可提供部屬一個反省的機會，同時客觀分析自己的錯誤。

有一個財團的大人物在外出遊玩時，擔任公司副社長的兒子出了大紕漏，讓公司蒙受很大的損失。他在遊玩回來後把副社長叫進了辦公室，他在聽完整個事件的詳細經過後，並沒有責罵他。因為他覺得副社長正確地掌握了整個事件，也從中學到了很多，所以他沒有必要再罵他。這個例子正說明了理解部屬的心情及想法，往往比責罵的效果好。

●記仇型的責罵方法②

在追究責任時應對事不對人

前幾天聽我朋友說他剛升高中的兒子跟他講的一件趣事。

他兒子班上有幾個調皮的學生，把垃圾放在中庭。班導師發現後非常生氣，決定要找出幕後指使者，當然大家都沒有說出來。

最後他沒辦法，只好把箭頭指向做班長的朋友的兒子。

班導師問他說：「你來的時候，這些垃圾就在了嗎？」朋友的兒子說：「是一點一點被搬來這裡的。」班導師急得說：「那你一定知道是誰幹的好事，你把名字告訴我！」朋友的兒子回答得很妙：「我是知道，不過我不能告訴你。」

聽他這麼說班導師再度要求他要把名字說出來，朋友的兒子做了以下的回答：「若你的同事做了什麼錯事，教育委員命令你要把名字說出來，你會說出來嗎？」班導師說不過他，最後當然也不曉得這個惡作劇是誰做的！

這個老師好像不太了解人類的心理，在他這樣逼問下，只會增加大家對他的反感。一般來說一夥人一起犯錯，即使你去追究個人，也絕對無法得到滿意的結果。就如朋友的兒子說的：「無法奉告」。即使深入追究反而會讓他們覺得不能對不起朋友。

最後若你從某人的口中得知是誰做的，結果很可能更糟，因為當一個團體裡面出現「背叛者」時，好朋友的意識也被破壞了，如此一個團體的合作關係也會瓦解。

責罵的目的是要讓犯錯的人反省，同時提醒自己下次不要再犯相同的錯誤，所以這個目的只要有達到，沒有必要去追究個人或是到底是誰做的。只針對一個事件來做檢討，不僅元凶，就連整個團體也要反省，整個團體也會跟著動起來。

●記仇型的責罵方法③

平常就將自己的喜怒哀樂表達出來

本田技研的創始者本田宗一郎聽說經常在公司內大聲責罵部屬，有時甚至嘴巴還沒動，手就已經先出去了。不過即使是記仇型的部屬，也沒有人不喜歡本田先生，有一位熟知這家公司的人做了以下的描述。

我本身曾和本田宗一郎有過接觸。以前本田技研有一個叫做「點木激盪」的會，它是招集員工想出好點子的一個會，由於我是評審中的一員，所以曾和本田先生同桌坐過。每次我覺得不錯時，他便會大聲地叫「真無聊」。一開始我會覺得很怪，不過在看了他的態度後，我終於懂了。其實「真無聊」這句話在本田先生來說是稱讚的意思，因為員工聽他講了這句話後，反而會笑笑地聽他說話。

責罵人的對方也可分為二類，一種是天衣無縫型，一種是喜怒哀樂很強烈的人。喜怒哀樂強烈雖說是缺點，但有時對方反而會覺得你有人情味的感覺；另一種則是從頭到尾都很冷靜絕不會讓人看到他的弱點。本田先生便是屬於前者。心理學上說後者這種冷靜、罵得井然有序的方式，會讓被罵的人有壓迫感且無路可逃的感覺。逃生的路一旦被堵住了，當然就會留下後遺症，不久就會有激烈的反應，最後失去努力的力量。

若喜怒哀樂強烈的人責罵別人時，對方會覺得你是在不冷靜的狀態下，反而會一笑置之。對方會覺得你有人情味，也有缺點，故被你罵也不會放在心上。心理上已有了一個藉口，在恢復上也較快。本田先生便是屬於這種類型。

若公司中上面的人多半屬於喜怒哀樂強烈，即使他說了什麼，部屬也較不會放在心，還反而會促使組織活性化。

人有各種類型，當然不可能大家都像本田先生一樣。不過可在平常時就將自己的喜怒哀樂表達出來，讓部屬心中有準備，日後當你責罵他的時候，他也會較習慣。

●記仇型的責罵方法④

部屬被罵後若會一直放在心上，你還不如簡短地罵幾句就好了

山多利的佐治敬三董事長在回想小孩子的一段記憶時說到：有一天晚上，佐治先生偷喝酒被他父親發現了，父親大聲罵了一句：「這酒不是做給小孩子喝的。」他回想這大聲地一罵，效果的確很好。

尤其是對記恨型的員工，短短的一句責罵反而可以使他冷靜地反省。

一句責罵可讓人連想你真正話中的意思，這就好像短文中的餘韻會刺激對方的想像力，有點像俳句及短歌。

當然責罵的這方在出口的時候怒氣會升到最高點，當然下降得也會很快，在此同時被罵的情緒反抗也會很快地消失。

這種反抗情緒消失得很快的特性，便是叱責一句的效果。當上司叱責部屬一句時，部屬

會立刻想到上司為什麼生氣，他話的背後藏有什麼意思，進而分析自己的缺點以及錯誤。當他可以冷靜地反省時，反抗的心便會消失，自己也在此時獲得了成長。叱責一句因不是一一揭發對方的缺點，所以也不會去傷到對方的自尊心。

叱責一句還可以凝聚全體部屬的力量。比方你負責的計畫下面有十個人，對這個計畫發表了個人的意見後，最後的結論仍然沒有出來，有A案和B案，你們必須從中選出一個。身為這個組負責人的你，於是說：「就決定A案了。」

結果已經出來了，當然不需再做多餘的說明。當你大聲說這一句話時，已將你的決定轉達給全部的人了，那些原來還在想其他方案的人也自然會轉向A案。

●記仇型的責罵方法⑤

區分部屬個性再決定責罵方法

巨人隊的王貞治在他的自傳「回想」中說到他的領隊川上哲治先生罵部屬的方法。

「川上先生會在別人面前罵長島，我則是被叫到領隊室才被罵，我想這是因為他發現我和長島個性不同的緣故。他在大家面前罵長島時，也許長島會很生氣，但他會恢復得很快，所以效果也沒有那麼好。後來他又換了一種方法，那就是在必要時才會叱責長島。我之所以沒有在衆人面前被罵，應該是因為我較內向，我與長島的性格基本上是不一樣的。」

人的性格可區分成外向和內向，川上先生便是根據這二類來決定責罵的方式。

外向型的人開朗、好交朋友，長島便屬於這種型。他即使被罵也不會放在心上，他會洩出來，而內向型的王貞治一旦被罵就會變得很悲觀，不滿也會藏在心中。

所以就像川上先生採取的方法一樣，外向型的人可以在大衆面前罵他，內向型的人則要在沒有人的地方罵他較好。若內向型的人在人前被罵，他會有自尊心受創的感覺，反抗心反而更強，更遑論接受你的責罵了。

總之，在公司中上司要責罵部屬還得考慮到部屬的性格，責罵才會有效果，你可從平常觀察他們了解到他們各屬什麼類型。多半外向的人較具社交性與同事也處得較好，也會照顧後進來的人。相反地內向型的人比較不會與人交往。

以此為參考區分部屬的個性，再決定責罵他們的方法。

●記仇型的責罵方法⑥

部屬對你的責罵沒有正面反抗時，你要注意必須停止責罵

我的學生有的畢業後來研究室找我，告訴我說他不喜歡去公司上班。問他們原因多半是被上司罵情緒低落。這類學生多半性格是屬內向型，這類內向型的人恢復能力也較差。

要責罵這種部屬的確是頗難的，只要講話稍微重一點可能就會引起他們反感。

心理上而言，在壓力還沒有解決，下一個壓力又來時，壓力會更加深。你責罵部屬時，他上一個壓力還沒有解決時你又責罵他，效果往往不太好。

比起外向型的部屬，內向型的部屬被罵的陰影較難消除。此時你需考慮是否該再罵他。

要知道部屬的壓力是否去除，需注意下列幾點：

「說話流暢，表情不誇張」，此時他的壓力大概已消除。

反過來若他臉上出現不自然的微笑，動作及態度慌張，那你就要判定他的壓力還沒有消除。這時你不可以再罵他，否則效果只會更差。掌握住部屬恢復的時間，並讓他慢慢地習慣被罵，這樣才可培育出優秀的部屬。

●記仇型的責罵方法⑦

部屬不與你商量卻又正迷惘時，你可先跟他強調你對他的期待後再責罵他。

新日鐵釜石的經理松尾雄治先生所屬的橄球隊是日本最好的，他的著書《要如何才會贏》中提到要知道責罵部屬的方法才會贏。

這時期松尾先生正猶豫要不要接受領隊的職務。當時松尾先生只有二十八歲，當時球團已四連勝，即將向五連霸邁進。

松尾先生遲遲沒有表明態度，他同團的同事生氣地跑來跟他說：「你到底在想什麼？只要你繼續在球隊，我們也會跟你在一起。」於是松尾先生在聽到這些話，決定兼球隊的領隊，新日鐵釜石最後也蟬聯了六連霸。

在舉棋不定時叱責松尾先生，促使他下決斷的，是球團的同事，把它應用到上司責罵部屬也非常有效。

你的部屬當中一定也有人正迷惘不決，有些性子急的上司看了會很急，一下子就開罵了。有些上司雖沒有立刻開罵，在幫部屬蓋章時，也多少會罵幾句。這樣往往會傷到部屬的自

記仇型部屬的區分方法①

表面上對你說，好像都聽進去了

對時間及說話等小節非常在意

尊心，只會得到反效果。

於是我們就該想到松尾先生的例子了。就像前面敘述的，促使松尾先生做決定的是他那些球團的同事，不過他們是罵中帶鼓勵。

當你要責罵為工作所惱的部屬時，應加上一句勉勵的話，像是「我對你期望很深才會罵你」，說出這份期待感，效果會比較好。當上司這麼說時他會覺得有被認同的感覺，最後會想辦法努力突破困境。

●記仇型的責罵方法⑧

若罵他後心中會留下疙瘩，可把罵當作一種玩笑

常有人說：「日本人最缺乏幽默感。」若責罵過後彼此心中留下疙瘩，除了彼此欠缺幽默感之外，沒有預設緩衝地帶也是一個原因。

聽一個在電視台工作的朋友說，曾製作過無數好戲的製作人橫澤彪先生，要遲到的部屬去剃光頭。

聽說橫澤先生是認為電視節目製作是團體性的，遲到是最不可原諒的，實際上真的有四

、五個人去理了光頭，其中有人居然很適合理光頭，橫澤彪對他們說：「這種處罰不算處罰。」其實這是相當具有幽默感的責罵方式。

最笨的罵法是奪去對方逃生的路，若把這個緩衝地帶帶點玩笑色彩，效果應該會好些。橫澤先生便高明地運用了這種心理，他把責罵加入了幽默感。

只有嚴格的話會使人窒息，加入一點幽默感會讓人較舒緩。「剃光頭」是電視台責罵的一種遊戲，在公司中也可把責罵加入一點遊戲色彩，相信這樣公司的氣氛也會比較好。

●記仇型的責罵方法⑨

責罵過後若易陷入冷戰，可以加入一點幽默

人類是感情的動物，有時一爆發連自己也無法收拾。上司在責罵部屬時多半是感性的，當很生氣的時候，有時也無法克制自己，部屬若有心理上的壓迫，當然會心生反感，之後「冷戰」也就不可避免了。

要解除冷戰可在罵過他後，說幾句幽默的話，如此可讓對方有緩衝的餘地，對化解緊張

的氣氛很有幫助。

幽默感的第一個效果是可以讓人發笑，進而解除心理的緊張。在責罵的對立關係中，幽默感彷如一服清涼劑，可使人際關係更加圓融。

松下幸之助有一次在罵人時手中拿了一根棒子，因太生氣了把地板都弄出一個凹洞，棒子也都彎曲了。事後他笑了笑著說：「拜你之賜我才把棒子都弄彎了！」

幽默感有原諒的感覺在，當你話中有幽默感時，表示你不會拒絕對方。

有一則關於前英國首相佘契爾夫人的故事說：有一天佘契爾夫人在趕往會議的途中，因車速太快而被交通警察逮到。司機威脅那位警察說：「你看後面，是佘契爾首相耶！」那位警察回答說：「是英國首相就更不應該違反交通規則。」

當場佘契爾夫人非常感動，後來還特別嘉獎那位警察。

在嚴厲責罰部屬後，即使沒有說些輕鬆的話，也該臉上保持微笑，如此可解除部屬的緊張感。

●記仇型的責罵方法⑩

當部屬猜疑你責罵他是否有其他的含意時，可在早晚多加些招呼問候的話

百貨公司的新進人員在研修時，商品知識固然重要，但從對顧客說：「早」、「歡迎光臨」也是非常重要的。若沒有培養打招呼的習慣，即使擁有再多的商品知識也是枉然。聽某家百貨公司的人事部長，說在採用人時，除了在學校專攻的科目是最重要的之外，公司還會考慮面試者是否會笑臉與人打招呼。

人與人之間是互動的，一個商品知識豐富的推薦東西，大概還不如態度親切的店員推薦來得令顧客滿意。基於這種購買心理，難怪百貨公司的店員要態度良好了。

在工作上也一樣，上司若比較沒有隱瞞，部屬也會較接受他們的責罰。尤其被罵的時候，容易猜疑別人的部屬會懷疑你說的話到底有幾分是真的。

要扮演一個性格開朗的上司，可如前面說的百貨公司店員的方式，多說「早」「謝謝」「對不起」等，以接近與別人的關係。

上司當中有很多人為了保持自己的威嚴而不願說出這些話，不過，若你能平常就多說這

些話，他們會覺得你有親和力，對你的責罵也就能夠接受了。

●記仇型的責罵方法⑪

部屬的個性若很乖僻，你絕不可以用「反正」、「果然」這二個字眼

人在罵人時，常會說出「果然又是你」「反正除了你沒別人」之類的話。聽聽別人在罵人時，這類字眼常會聽到。

也許在罵人時本人也想慎選句子來罵，但觀察看看被罵的心態，只罵他當時的錯以及連以前的錯都罵下去，兩者接受的效果相差很多，尤其是乖僻型的部屬更會喪失鬥志。

「果然」以及「反正」這類字眼有否定的意思存在，感覺好像「你本來就不值得信賴」。

責罵原本就有攻擊對方的意思在，一旦被攻擊就會受傷，若你不在責罵中給予對方期待及溫暖，又如何期望他接受你的責罵。

「果然」「反正」對人有極強的殺傷力，被罵的人可能傷得也會更重。

了解了被罵那一方微妙的心理，就知道為什麼不能用這二個字眼了，「反正」「果然」

除了否定一個人的人格及能力之外，只會傷部屬的心及讓他喪失鬥志而已。

●記仇型的責罵方法⑫

部屬被罵而保持沈默時，硬要讓他開口只會顯出你的猜疑

在教授會議上常會談到「現在的年輕人缺乏幹勁」，罵他們好像也沒有反應，不知有沒有把話聽進去。不過他們卻會準時交報告，這類型學生愈來愈多。

其實不只現在的學生，這種人從以前就有了。在責罵這類型學生時要注意不再用「懂了嗎？」「你有沒有在聽？」之類的話！

這類話對方會認為你在懷疑他，而傷到他的自尊心。

在工作上責罵這類型部屬時，更要注意到這點。

這類型部屬不管你說什麼他都不會立刻有反應，所以上司多半會對他們說：「你到底懂不懂我說的？」在部屬正要整理自己的情緒時，你對他說這種表示懷疑的話，他只會對你產生反感。若你說：「我這麼在為你的事煩惱，你究竟有沒有在聽我說話？」他會認為原來你把他想成這樣，最後會把自己的心封閉起來。

對部屬說「你有沒有在聽」的上司是最差勁的，因為只要有耳朵的一定聽得到。若對方一直保持沈默，你必須試試別的方法。

●記仇型的責罵方法⑬

罵完後若還有沒罵完的，不要再追著罵

常有上司在罵完部屬後覺得罵得不夠，又重複罵了一次剛才罵過的。這好像是要部屬徹底了解你想說的，其實想想部屬的心理，這種責罵方法是有問題的。

在罵與被罵中本來就會有反抗的心態產生，若責罵二次，也許第一次反抗還沒那麼強，第二次則會變得很強烈。

第三次、第四次時，反抗則呈幾何級數倍增，最後發展至不可收拾的地步。

除了很樂天派的人及特殊性格的人，平常人被責罵後，要恢復安定的心情往往要花一點時間。而記仇型的部屬更會把你罵他的話記在心中。若你又重複罵過的話，他會覺得「原來你還沒忘記」「原來你這麼不信任我」，最後疙瘩也愈來愈深。若是朋友他可能會要和你絕交，若是工作上部屬與上司的關係，部屬可能也會很想和你絕交。

為避免罵完後又接著罵，有一個原則一定要遵守，那就是：「錯一次、罵一次」，要注意同一個部屬不要罵同樣的話。若非罵不可的話，也不要重複前面罵過的，可從別的角度分析給他聽。這樣部屬才不會覺得同樣的失敗被罵了二次，反抗的心也會稍微緩和。

●記仇型的責罵方法⑭

無表情的面型症狀開始出現時，要控制一下自己罵的頻度及強度

美國的企業家瓊・圭那美卡說：「三十年前我體驗出我罵人實在很愚蠢。神畢竟賜給每一個人的智能是不一樣的，這世界也沒有完美無缺的人，所以在責罵同樣身為人的對方時，要非常小心注意。」身為管理職的人覺得不罵人就好像怪怪的，所以有很多人罵部屬的次數也直線立升。這最後演變成找碴，會影響工作效率之外，還會引發部屬的反抗心。

沒有人被指責還會很高興的，當你太過份變成存心找碴時，部屬當然也會生氣。當對方一直找碴時，最後也會否定自己的人格，這種傾向特別強的人，為保護自己，心中會出現反抗。此時反抗以心理學來分析不是一加一地增加，而是幾何級數的增加。

為防遭此不幸，過度責罵是絕不可以的，若責罵過度，部屬會出現「拒絕被罵」的症狀。

一般人被罵後，會對對方產生攻擊性並抱持壞的印象，進而表現在臉上。然而，人類是很奇怪且複雜的動物，他為不想讓對方識破，他又會刻意隱瞞。尤其是上下的人際關係，他們更不會表現出來。若對方是上司更要偽裝。

於是部屬臉上沒有了表情，即使嘴巴說「是」、「好」也只是表面的，我把它稱作「面型症狀」。若你的部屬有這種症狀，那就表示他已經「拒絕被罵」了。

●記仇型的責罵方法⑮

當對方快要對你反感時，最後的一句話可把火熄滅

大家都知道即使對你的部屬有多生氣，做上司在罵他們的時候也不可失去理智。但也只有人類在很生氣時會忘我的罵對方，這點似乎是無可避免的。此時只會讓彼此僵持不下，最後變得不可收拾。

失去理智地責罵固然可原諒，但最後傷了感情，你認真要部屬反省的原意不僅沒有傳達到，也沒有盡到做上司的責任。其實在說話中途變得感性，並不能代表溝通破裂，有時它會是上司對部屬的關心及信賴的具體表現，只是你必需考慮不可讓它也是感性地結束。

記仇型部屬的區分方法②

與周圍人的喜怒哀樂似乎不相干

貌似恭敬，說話也很謙恭

心理學有一種叫做「系列效果」的現象，那就是有次序地傳達你所想表達的，最後一句話才是重點。比方對考生說：「你一定可以的……不過競爭這麼強」以及「競爭很強……不過你一定可以的」，這二句話給人的印象完全不同。前者是悲觀的，後者是樂觀的。不管你說多麼樂觀的話，若最後有悲觀的暗示，這一整段話就都是悲觀的。

不管你在責罵部屬時中途變得如何，最後的一句話往往非常重要。若你在最後說：「也許我說得太過火了，但這都是希望你能理解」、「我太感情用事了。你要好好加油」等與「你知道了嗎？下次絕不可再犯相同的錯」，這二種方式效果不用說您一定知道了。

由此讓我想到職棒的名投手，在因後輩選手的一個失誤而輸了一場比賽時，生氣地將手套丟在地上，但比賽結束後，他仍對那個後輩說：「你也很努力了！總之，再加油。」對工作認真，卻無法將那份熱心傳達給你的部屬，其實是非常可惜的，若能稍加注意必可防止這種情形發生。

●記仇型的責罵方法⑯

被罵後易變得感情用事，需在最後將重點整理好

我已經再三說過上司責罵部屬時，有的部屬會變得很感情用事。此時，會感情用事的不僅是部屬而已，也有不少上司自己也會變得感情用事。不管是多冷靜的人，都無法理性地責罵部屬。

特別是責罵的時間很長時，反而會造成反效果。內容支離破碎沒有條理，只會讓部屬一頭霧水。

有些不擅責罵部屬的人，也不會克制自己的感情，那當然也無法說服部屬。

要避免這種情形，我建議若你罵的時間較長時，最後要自己整理出一個重點。也就是把最重要的部份抽出做下結論，這樣部屬才會了解你真正要講的，也較易接受你的責罵。

這種方法對部屬較有說服力，且部屬也不會覺得他是感情用事地被罵。聽到上司感情用事的話，部屬當然會覺得反感。若他分析上司是理性地罵他，他的反抗也會減少。

前項我們說過人在聽對方講話時，會對他最後說的部份印象特別深刻，若最後仍舊是責

罵他的話，他的不滿及反抗也跟著出現。

在責罵部屬的時候，能夠站在部屬的心情替他想的上司真是少之又少。

常常我們會聽到「你為什麼這麼快就想反抗」、「你不能冷靜聽你的上司說嗎？」這種說法只顯示了上司在感情上是多麼地崇高，部屬當然也就不會信服。這裡我們陳述過的方法，應該對避免這種事態發生有很大的幫助。

第三章
目中無人型的責罵方法

區分目中無人型的方法

人被上司罵時，可根據其態度，區分成幾個性格類型。這是一種欲求不滿的表現，我們在前章也曾討論過，而其中最突出的便是攻擊型的表現。攻擊型當中，又可依攻擊方向及手段區分成幾個類型。

著名的心理學者羅倫斯拜克把攻擊方向區分成①外罰型、②內罰型、③非罰型。把罪過都推給別人的是外罰型，反之把罪過都往自己身上攬的是內罰型。介於兩者之間，會冷靜分析原因及責任的是非罰型。攻擊的方法，則可分成直接毆打上司的單純攻擊型、及上司叫你早點來，你就故意五點、六點就來的固執型。

你的部屬中應該也有攻擊型的人。當然這種型的人，與「不順從型」一樣，但不同於「記仇型」，他們的態度在平常就會表現得較明顯。而這類型的人又多半是自我主張很強的人。若以本章「罵」的觀點來說，罵這類型的人是最耗體力的。

這類型的人攻擊性強，比起冷靜的反應，他們又較激烈。而且，他們就像「不順從型」般，也不是任性如幼兒性格般，他們即使本身沒有那麼好，日常的生活態度及信念，也會以自己的想法做行動的準則。

所以這類型人的反抗也會較激烈，有時會將自己完全武裝起來。所以責罵的這方會覺得他很難纏，不過，只要他能理解你為何罵他，態度往往也會有很大的轉變，我們就來看看以下的各類方法。

●目中無人型的責罵方法①

當部屬因獨斷獨行犯下錯誤，你們為此而即將衝突時，你可以責罵過程而不是責罵結果

職棒的優勝領隊應該是很會收攬人心的，不過即使連他這種人，也曾經誤解部屬的想法而失去了寶貴的戰力。這位領隊與一位明星選手發生衝突，結果這名選手退出職棒。

有一次比賽當中，沒有得到指示他就揮棒了，比賽結果輸了，領隊非常生氣，選手也非常生氣。

根據這名選手打球的經驗，他有他自己的主張，他認為領隊不尊重他的想法，因而對領隊心存反抗與不滿，二個人鬧得很不愉快。

領隊這種命令式的方法，也難怪這名選手會對他不滿。

領隊只看結果當然不對，此時他不妨針對過程來責罵部屬。

首先他可以先問問他為何沒看到任何訊號就揮棒了？如果他說得有道理，你除了認同他的看法，可以再度強調棒球是強調團體性的，不可太獨斷獨行。除了要求他不要再犯相同的錯之外，也可向他收取罰金。

有些上司覺得不可原諒的錯誤，其實部屬多半也有他們的原因，若此時你只針對結果來責罵，往往只會增加部屬的反抗。若你能針對過程來罵，部屬反而有空間來反省自己的錯誤，自己也較能接受你的責罵。

以這種方法責罵部屬，不僅可當場讓部屬收起反抗的心態，部屬也會因此有所成長。

●目中無人型的責罵方法②

部屬立刻想反抗時，可說出具體的事實以阻止他的辯解

前幾天我看到一個像是上司的人對年輕的那個人說：「你不行！你太差了！」那個年輕人好像想問上司到底自己哪裡不好，不過那看似上司的人只是不斷地重複說你不行、你不好之類的話，最後兩個人吵了起來。

我並不是特別站在年輕的這一方，只是我看到他們二個人在吵架時，覺得應該是那個看似上司的人錯了。因為我很了解年輕人想要知道自己哪裡錯了的心情。

「你不行！你不好！」這種字眼其實是很抽象的，抽象度高的字眼，對象範圍會太廣。

結果是當對方被你說：「你不行」時，他會有被全盤否定的感覺。

這類字眼其抽象度愈高，也會混淆對方，最後他在無法理解的情況下當然會心生反抗。所以在責罵部屬時應儘量選擇具體的字眼，尤其是對那些會立刻反抗的部屬。具體罵出重點，才是正確的責罵方法。

●目中無人型的責罵方法③

部屬若表現出傲慢的態度，可在小地方也罵他以保持緊張狀態

責罵這種行為其實是部屬與上司之間的一種溝通手段。部屬會藉著上司責罵他的態度，知道自己在上司心目中的評價如何及上司是否信任他。所以不考慮到部屬的性格，只是一時地責罵，溝通就變成了單向，效果自然也不會出來。

被稱做棒球界的個性派江夏豊元投手說：「每次將球團改變，罵我的人就會消失。」這類攻擊型的人，有時故意罵罵他效果會很好。若部屬平時反抗心就很強，態度也很傲慢，責罵的這種緊張關係會使部屬有所成長。

當代第一的演出家蜷川幸雄在排演時罵年輕的演員，甚至向他們丟煙灰缸。他說：「大家都努力在練習，怎麼就你一個人不專心在東張西望。」

被丟煙灰缸後他很緊張，很擔心什麼時候煙灰缸會再飛過來。但意外地隨著練習的進行，每個演員的表情都有變化。他們若沒有蜷川先生的大聲叱責，反而覺得怪怪的。因為照理說不被罵才表示自己演技好才對，應該高興才對，結果那些演員說並非如此。

演出家與演員是藉練習形成獨特的溝通方式，聽說這類藝術活動若沒有人與人之間的互相碰觸便無法產生。蜷川先生應是藉著丟煙灰缸讓演員把反抗的情緒發洩在演技上，所以年輕的演員不被大聲叱責就會覺得缺少什麼東西似地，這並不僅限於藝術家，一般而言反抗心強的人都有這種傾向。

也就是說，當他們處在某種緊張的狀態中時會較有衝勁，對有強烈自我的部屬，犯一點小錯也罵他，有助於增加他的緊張感。

●目中無人型的責罵方法④

部屬因強烈自我主張而欲抵抗時，必需表示只有這點無法退讓的一貫基準

阪急、近鐵的領隊西本幸雄先生有「魔鬼」之稱，他對選手態度非常頑固，也無法妥協。不過，不管他再怎麼嚴格，選手也不會哼一句，反而很忠心地跟著他。聽說有些人一開始

也許會反抗得很激烈，但最後也都順從了。

自我主張強烈的選手，似乎都共同感覺到西本領隊的嚴格，是為了讓他們更好。西本先生不會以比賽結果就來罵選手，他會看選手是否有成長，他超越了勝敗在看待選手。

這種方法可做為我們很好的參考。在公司中若上司昨天罵的與今天罵的不一樣，叫部屬該何去何從，即使你再怎麼嚴格部屬也不會成長。

比方小孩子從母親的罵當中就會學到很多。小孩子當媽媽在做事的時候拉住媽媽的裙子，媽媽一邊把裙子放開一邊對小孩子說：「怎麼了？」第二次小孩子又拉，媽媽說：「不行！」第三次再拉，媽媽說：「不可以。」小孩子從這個例子當中學到了「媽媽在做事時不可以拉媽媽的裙子」的行動原理。

這種學習的過程在大人的社會也是一樣的，也就是從每次被罵當中，部屬會了解自己的上司是基於什麼樣的行動原理。若部屬不了解上司的行動原理，他們便沒有行動規範。

尤其是有強烈自我的部屬，因他自己的行動原理很強，所以他更不會聽上司的，責罵時根據什麼樣的基準必需首尾一貫。公司有時也會不得不壓抑部屬，此時若上司明確告訴部屬「這樣做是不行的」並且首尾一貫，如此即使自我主張再怎麼強的部屬也不會反抗了。

●目中無人型的責罵方法⑤
部屬非常固執不聽你說的話時，可講出自己失敗的經驗讓他下得了台

聽一個警察的幹部朋友說，老練的刑警要讓不開口的嫌犯開口，常會這麼說：「我知道你做這件事的心情，換成是我也許也會那樣做，其實……。」

大多數的嫌犯多半會因此而招供，要讓對方敞開心扉，首先必須站在對方的立場來想。若你沒有站在他的立場，人就會像貝殼一樣不僅是口，就連心也都會關閉起來。此時不管你說什麼他當然不會接受。

有一句話說：「老鼠被逼急了也會咬貓。」在責罵部屬時若你太過逼他，絕不會有效果。先站在對方的立場來想之後再責罵他，部屬自然聽得進去。為部屬找個台階下，部屬應會理性地接受你的責罵。

要為對方找台階下，跟部屬談一談你的失敗經驗，效果會意外地好。先讓部屬知道原來連上司也曾經如此過，再去責罵他，會讓他有經驗傳遞的感覺，進而接受你的責罵。這表示你們從上司——部屬這種上下關係，回到了人與人之間的對等關係。

「你也許犯了錯，但與我年輕時的失敗比較起來罪還是很輕，我今天做到這個職位，也是累積了很多的失敗，比方……。」先說以上這些話再接著說：「不過，你這次的失敗實在蠻大的，你該怎麼做才能彌補這次的錯誤……。」

部屬會想原來上司以前也犯過與我同樣的錯誤，被罵時較有心理準備，比起一下子被罵，他更可以理性地接受責罵。

●目中無人型的責罵方法⑥

部屬若行事草率，可以用建議的方式喚醒他的注意

身為一個上班族服裝整齊及不忘打招呼是最基本的禮儀。若這種禮儀都無法做好，工作當然也無法做好，上司看在眼中又很難責罵他。

沒有注重禮儀像是「遇見人沒有打招呼」、「領帶歪歪的」，被說的這一方會認為這只不過是小事一樁，所以任憑你怎麼暗示他，他不會認真接受。若你再進一步說的話，可能會造成他的反感。

所以在責罵部屬的禮儀不夠時更應該謹慎。三井銀行採用了一套很有趣的制度，成果也

目中無人型部屬的區分方法①

不好的事都把責任推給別人

自我主張強烈，會讓人有被勉強的感覺。

非常地好，這套制度叫做「友情的建議卡」，其內容如下。首先女職員二人一組，互相來查彼此日常的服裝，再把該注意的地方寫在卡片上互相交換。

前面我們就說到，上司糾正部屬的服裝會引起部屬的反感。可是若是同事之間彼此糾正，他們會有被尊重的感覺，自然也比較容易接受。換言之，換一種看法便不會引起摩擦。從「為你好」的立場出發，部屬會較易接受你在服裝儀容、禮儀上的建言。

●目中無人型的責罵方法⑦

當部屬一直反抗時，可以反過來試試「鬧彆扭的心理」

當你覺得自己被對方看穿了時，每個人都會想反過來去看看別人。鬧彆扭的心理是基於幼兒性格而產生的，幼兒教育中，善加活用鬧彆扭的心理可提高教育成果。

比方教小孩子彈琴時，老師對小孩子說：「這麼難的曲子你大概不會彈吧！」時，小孩會愈故意要彈。這種激將法可使他努力去彈任何難彈的曲子，他的技巧也會愈來愈進步。

對上司說的話反抗傾向強的部屬，這個方法效果很好。比方你可以說：「我這麼說你可能會不高興……」，激於鬧彆扭的心理，他可能反而轉成不生氣的心理狀態，在這種心理狀態下，他便可以把你的話聽進去了。

在公司組織當中，對部屬而言上司是絕對權力者。當絕對權力者對你說「你可能會生氣」時，部屬反而會變得冷靜，對上司也不會有反抗之心。當然，這種心理不只是因為幼兒性格，它會較容易出現在老師與學生，領隊與教練這種上下關係當中。所以這類說法應用在易感情衝動而反抗的部屬身上，是很有效的。

在一開始你就先說：「你可能會生氣也說不定……」，中途可再加進：「我很了解你的心情」，如此一來對方心中反而會想：「不會呀！我並不會生氣」時，他也較能夠冷靜地聽你說話。

●目中無人型的責罵方法⑧

部屬想立刻辯解時，可強調你把錯誤的情況都已掌握得很好了

聽一個高中棒球教練說，責罵選手的錯誤有一種是單純地針對他的錯誤罵，一種則不是。當然，選手提不起勁打球時就必須罵他，另外，也有時候不可大聲罵他們，這是在他們努

力打擊後卻仍輸掉球賽時。

當球賽進行當中，要將打者封殺，冷靜處理的話可將打者在一壘封殺出去。若不想讓對方得分，雙殺當然是對投手來說最輕鬆的。不過有時也會因游擊手的失誤而防守出現失誤。這種失誤與一般的失誤不同，如果是我，會先稱讚他們的辛勞作戰，然後再糾正他們技術上的缺點。以上是那名教練對我所做的說明。

若此時教練及領導只會大罵「混蛋」，他們必定會覺得很沮喪，反過來先稱讚嘉許他們一下，再接著指正他們技術上的錯誤，選手也較能接受你的責罵。

人在被罵時，很自然地會為自己找藉口，當他心想：「教練只是坐在那裡看，又怎麼會了解實際的情況」時，他為自己找到了一個藉口，當然你說的話他也都聽不進去了。所以，你必需完全了解整個錯誤的狀況，讓對方沒有「你什麼都不知道」的藉口。

當被罵的這一方被別人責罵，為了保存自己的自尊心而找藉口時，往往大人的這種傾向會比小孩強烈。在公司中部屬被責罵時，往往會找這樣的藉口：「你又不瞭解工作的內容，只會一味地責罵我，我根本沒有錯。」

●目中無人型的責罵方法⑨

部屬想反抗時，可以搬出公司訓這些大法條

松下電器在創業之時，聽說工廠方面非常欠缺人手。當時，配線器具工廠建設的負責人後藤清一到處在找這方面的工人。有次乾電池工廠的負責人來跟他說：「你不要獨佔工人，也讓一些人過來我這邊。」

後藤回答說：「抱歉！要調人的話你自己不會去調嗎？我辛苦找來的人一個也不會給你！」聽到這些話的井植社長便把後藤找來對他說：「後藤先生，企業是要對這個社會做貢獻的，你應該環顧一下這個世界，其實現在最需要的是乾電池。配線器具當然也很重要，不過事情總有輕重緩急。」最後，後藤默默地撥了七成的人給乾電池工廠。

若此時井植先生直接對後藤說：「做人不可太自私。」後藤必然也不會心服口服的，說服他的應是「企業必須貢獻社會」這個冠冕堂皇的理由。

說出一些堂皇的理由，部屬應較不會產生反抗心，當人被冠上一些大義之類的話，會對別人的責罵較不敢反擊。

電視廣告有一個是船舶振興會會長笹川艮一說：「一日一善」、「小心火燭」台詞的。反對笹川想法的，久而久之也會接受他的說法。

戰前的日本以「一定要贏」做口號，也就是必須忍受所有的苦，利用這種堂皇的理由，在責罵部屬時，有助於減少他們的不滿與不平。

上司責罵部屬時，罵人的這一方也會有情緒性的反應，這個原因會使視野變狹窄。要防止視野變狹窄也可從頭到尾保持一樣的罵法。在責罵部屬時多利用一些堂皇的字眼，如此部屬的反彈也會較輕。

●目中無人型的責罵方法⑩

當部屬把你當傻瓜時，有一種方法——不要讓他看你的臉

每一家公司都有以下這種人：不管上司說什麼，他的態度都不予接受，彷如與自己無關，上司講的話他也根本不想接受，甚至還把上司當傻瓜看。

根據這種想法，可以知道他的立場與上司的立場是不同。一般說來公司當中，部屬與上司往往有「優位」、「劣位」的關係存在，當優位存在時，部屬也不得不承認處於劣位。

但是，會立刻把上司當混蛋的，便是還沒有發展至相等的關係。在這種上司與部屬的位置關係中，部屬當然不會接受你的責罵。

以人為方式將上司、部屬間「優位、劣位」關係強化非常重要。以肢體語言來討論，可以設法使自己看起來較大。比方在責罵部屬時，上司站在靠窗那一方，使部屬看上司因光線的關係會看起來比實際大。此外，上司還可以很清楚地看清部屬的樣子，但部屬看上司卻是只看得見臉部的陰影。

人當你不曉得對方的表情時，便會覺得不安，當上司坐在靠窗邊時，表情便看不太清楚，部屬也更能強烈體會到上司的責罵，同時感覺到無法抵抗的潛意識作用。當然，這不過是一種方法而已，只要上司、部屬間「優位」、「劣位」的關係又成立，再怎麼不聽上司話的部屬也會漸漸改變。

●目中無人型的責罵方法⑪

部屬被窮追而突然改變臉色，可針對他某部份的人格責罵

豐田自工前董事長石田退三先生還在豐田紡織的大阪加工綿布部時，高估了綿線的行情

，他當時去求助於一個大人物，對方立刻罵他「你這個大笨蛋」。他當時害怕地顫抖，仔細聽完才知道對方的意思是：

「你的笨是在你仍然不熟悉市場行情，事後又不知該如何處理，最後又跑來我這邊哭訴。」石田在聽完這些話後又重新站了起來。

在罵人時若否定對方的人格，他在心理上便無處可逃，比方「你不配做個男人」、「你不配做上班族」，這種責罵方法會讓他有被全盤否定的感覺，在心理上會無處可逃。尤其在被逼得太過火時，這種說法只會增加他們心理上的反抗。這個大人物厲害的地方就在他罵石田先生時，只是罵他在工作上的不成熟而已。

在責罵部屬時最好是「不責罵人格、責罵犯錯的事實」、「不責罵結果、責罵過程」，儘量不要牽扯到對方的人格。若非罵不可時，也只可抽出小部份來罵。

這樣才不會傷害到他們，他們也才可冷靜接受上司的責罵。

尾崎士郎的小說「人生劇場」中的主人翁青成飄吉說：有一次父親罵我說：「我並不是罵你抽煙，而是罵你看我來時要把煙藏起來的那個樣子。」

像這樣只罵對方人格的某一部份，對方會肯接受你的責罵，而且效果也會不錯。

目中無人型部屬的區分方法②

在內心想不如用行動表示

對自己的生活態度及想法都很有自己的意見

●目中無人型的責罵方法⑫

與部屬激辯後「喝一杯」很有效

我的學生當中有一個屬熱血型，工作了十年與上司意見不同還是會氣得跳腳，不過他們不管吵得再兇，下班後還是會和他的上司二人在下班後去喝一杯，事後又沒事了。

學生苦笑地問我說：「老師！怎麼會這樣呢？我們也不是說意見就變一樣了，只是一旦喝了酒，似乎情緒就會緩和許多。」

一旦喝了酒理性會較減低，變得較感性，也會比較好說話，平常不敢說的話也較敢說，對方也會較沒有反抗可靜靜聽你說。

有很多上司在責罵部屬後會利用「酒的效用」找部屬去喝酒，這是因為可藉這個機會化解彼此的緊張。我學生的上司一定也是用這種方法控制他的反抗心。

反抗心強的部屬只要稍微被罵也無法理性應付，會變得感情用事，在下班後大家去喝一杯效果往往出奇地好。當然，若不是理性的責罵，對方也一定不會反省，下班後藉著喝一杯可使對方較易接受你的責罵。

松下幸之助在戰前的町工廠時代，罵完部屬後都會找部屬去吃麵，並邊說「好吃！好吃！」。時代改變上司與部屬之間的關係或許變淡了，但人的內心深處仍有「情」的存在，若上司不會喝酒，也可藉「情」來與部屬相交。

第四章

驕傲自滿型的責罵方法

區分驕傲自滿型的方法

被罵所引起的欲求不滿，在於自己被否定所產生的感情性反抗。即使會真的接受責罵的人，在感情上一定也很不是滋味，更何況若被太過責罵，一定會非常生氣。

若對方的責罵不成理由就會生氣，但不成理由其客觀的基準是很難設定的，當自己對自己的評價與上司對自己的評價不同時，不滿也就因此產生了。

自己對工作十分專精，也就有自信，但上司卻責罵你時，心中必會產生很大的衝擊。

也就是會有「自尊心受創」的情形產生。當這種情形產生時，他當然不會把你說的話聽進去，且會有反抗的心態出現，最後甚至會與他的上司絕交。

平常這類型就以自己的方式行事，工作上在發生決定性的對立之前就已有些徵兆，凡事喜歡以自己的看法、想法來做。頑固、不喜歡與人妥協，個人的自信及自滿未必與工作理論吻合。

這類堅守個人基準的人，一定在公司的理論前被否定，便很容易受傷，做為上司要責備這類人會很困難，最好能考慮其自尊心的方向著手。

●驕傲自滿型的責罵方法①

被罵很當一回事時，可故意把他叫到別的房間製造嚴肅的氣氛

高中棒球隊名領隊池田高中的蔦文也先生在其所著《德行教育論》中說：若有些選手非罵不可時，可把他叫到別的房間，而且絕不可以在女學生面前罵選手。

自尊心強的人絕對無法忍受在別人面前被責罵，當他在人前被罵時，他一定不會把那些話聽進去。青少年時期不喜觀在異性前面被罵，也是基於這種原因。

接受被罵的水準愈高，也可接受嚴厲的責罵。普通，被罵的這一方會在心中想「今天大概會被罵得很慘」、「今天被罵應該還不會太嚴重」，若事實超過他們預想的，他們就會產生反抗心。也就是他心裡準備好要被罵的準備已完成，然而一旦超越了，他就會反抗。若對方有覺悟要被罵，他會比較容易接受，叫到別的房間便是有另一層含義的。

故意叫到別的房間可以製造出氣氛，當他在走向房間時心裡便已有了準備，即使是較嚴的責罵他會接受，若比想像中的輕微，他的心便如大石頭被放下般。

製造正式的氣氛就好像是讓對方正坐聽你講話的效果一樣，這種效果若發揮得當，被叫

進去這件事本身就已產生了效果。此種情況下你也不必多說什麼，只要說句簡單的「好好加油」就可以了。

●驕傲自滿型的責罵方法②

部屬欲一人恣意妄行時，可降低責罵的音調再慢慢殺他的銳氣

沒有幹勁的部屬當然是很棘手，但太有衝勁也不見得是件好事。有些人充滿自信，但實際讓他做卻大有問題在，不早幫他修正，遲早一定會出大紕漏。以上這種經驗您想必一定也有過。

要責罵這種自信、幹勁滿滿的部屬是很難的，因為他們對自己的做法，若你沒有好的責罵方法，他們會因此喪失幹勁，引發的反抗也很強烈。但若你不改變他的作法，可能又會危害到公司。最好是可糾正他，又可讓他依然保持幹勁。

你不可以硬碰硬大罵他，可降低責罵的音調，再慢慢殺他的銳氣。因為這種部屬就好像是一部跑得很快的車子，你忽然踩剎車它一定會飛出去。

此時，可分幾次慢慢踩剎車，不久就會按照正常的速度。對這種部屬若一次次慢慢影響

他會比一次狠狠地罵他有效。

古典相聲大師古今亭志朝先生在已成名時，曾被叫到老師三遊亭圓生家中，當時他非常受到大家的歡迎，他一到老師家中，老師卻悠閒地在抽香煙。等了很久他才開口說：「你到底在幹什麽？是要繼續相聲，還是要停止？」

這句話影響了志朝，若不是這番話，可能他也不會在相聲界這麽出名，這也是不直接罵很自信的人成功的一個例子。

●驕傲自滿型的責罵方法③

部屬太過相信自己的能力時，可讓他看看自己與上司能力的差距

棒球評論家廣岡達朗先生在做西武獅隊領隊時，在他就任一年的露營時，批評了球團的明星球員石毛遊擊手的守備，這件事最後球界的人也都知道。

石毛選手的守備是一流的，前年還得到守備最佳獎，他在守備方面相當地有信心，當他領隊毫不客氣地批評他時，想必他一定很不是滋味。

不過，廣岡領隊並不是嘴巴說說而已，他本身還示範了一遍，讓他知道怎樣才能做出更

好的守備。自此以後他很信任領隊，不管領隊跟他說什麼忠告的話他都仔細聆聽。

這是掌握人心的一個例子，自己親自做給對方看，讓對方理解往往會有很大的效果，這個方法就可以應用在責罵部屬上。

本來人類的心理就是很微妙的，雖然對方是上司，但一旦被罵，任何人多少都會有反抗的心態，覺得對方的要求不合理，有壓迫感。

特別是自認自己很有能力的人更是明顯，他們會想「那個課長自己什麼都不會還對部屬做無理的要求……」等。

這時不管你如何苦口婆心相勸，對方也一定把你說的話當耳邊風。對過份相信自己的部屬，不先把上司與部屬的「優位、劣位關係」釐清，你對他責罵，效果也不會出來。

要表示這種「優位、劣位的關係」，自己做實際的示範是最有效的，讓對方看你真正的實力，便會得到他對你的信賴。俗語說「深藏不露」，要掌握部屬的心就必需讓他見識見識你的能力。

●驕傲自滿型的責罵方法④

要扭轉過度自信者的反抗心可用反問法

有些部屬的過度自信不會表現出來，若你沒有察覺又狠狠地責罵他，會讓他關上心門。對這種類型的人與罵人的這一方的心理落差愈小，他們的反抗心也會愈少。

美國的心理學家基諾得在罵剛在學習獨立的小孩時總是會說：「我是這樣認為，你呢？」在責罵對工作很有信心的部屬時需要有落差。平常上司與自尊心強的部屬之間，心理落差應沒有那麼大，然而一旦變成罵與被罵這一方時，這種落差就會變大。

要去除這種落差，可用反問的方式。

小說家藤本義一先生在學編劇時談到的一些事刊登在某雜誌上。鼓勵藤本先生學編劇的是川島雄三導演。川島導演對藤本說：

「人類的思考與表現思考的文字之間有很大的區隔。若把人的思考假設成一百，表現思考的文字就只有百分之十分之一。再十分之一，文字也變成百分之一。所以要以寫文章生活，若無法表現出思考的百分之二或一點五便不夠格。你不覺得是這樣嗎？」

聽完川島領隊的話，藤本毫不思索地說「是」。這種方法效果很好，因為這種疑問的說法又使川島與藤本靠近了一步。他不僅沒有被傷到自尊心，又會接受對方的建言。

●驕傲自滿型的責罵方法⑤

部屬得意忘形時才可在平常時才故意挑他毛病

一個商業社會講究的是結果，結果、成績好的話就不會受到責罵。但職棒的領域裡卻不是今天贏就可以了，明天贏就可以了。它是累計勝敗多寡才決定勝敗的。

領導長期抗戰的領隊的責任便是要掌握住球員的心態，Ｖ9名領隊川上哲治先生便是這方面的行家。

大家都知道，Ｖ9時代的巨人隊擁有史上最多、最強的球員，他們贏的次數自然是數不清的。但川上先生怕的是球員們會得意忘形，於是責罵球員的得意忘形便成了川上先生的重要工作之一。

川上先生緊持「勝利的時候更應該審視錯誤」。反而在失敗時他不會罵選手，在勝利時他卻會責罵選手的小小失誤，以防止他們因得意忘形而輸掉了下次的比賽。

公司也一樣，業績直線上升他會變得有些得意忘形。此時應用川上先生說的「勝利的時候更應該審視錯誤」一定很有效。尤其是有能力卻變得得意忘形的「長島型」部屬，這種方式不但對他有好處，又不會亂了整個團隊。

這時你可先稱讚他，然後再說「你設計的商品你也必須考慮萬一賣不出去時的話……」。先稱讚再找毛病，因兩者之間相差很多，部屬會在一剎那間恢復冷靜，得意忘形的心態也會稍微緩和。心理落差大時，對方會較聽得進你的話，你自然較易說服他。

●驕傲自滿型的責罵方法⑥

當部屬正迷惑時，不要大聲責罵

草柳大藏先生是大宅壯一先生的門生，他寫了很多書，像「實錄、滿鐵調查部」「世界王國論」之類的書，是屬硬派的評論家。

當草柳大藏在迷惑的時候，曾被叫到老師大宅先生的家，老師會對他說：「你最近在寫什麼？下次帶來給我看。」草柳先生回答說：「我寫得還沒有到讓老師看的程度。」當他這麼一說，老師也沈默了下來。

停了一會兒老師好像想起什麼似的說：「寫評論是可以，但要寫出一行強而有力的，人家一看就知道是誰寫的！」這句話深深打動草柳先生，他幾乎落下淚。

職棒的江夏豊元投手從先發投手轉到救援投手時曾有這段故事。當他從阪神轉到南海時，已失去了當年快速球的技巧，當時並沒有救援這種字眼，主戰級的投手一定是先發完投型。當時江夏投手自己本身也相信自己可以一直做先發投手，但當時南海的領隊野村克也勸他轉到救援看看。

被勸了好幾次，於是江夏投手自己也覺得有點迷惘，但又礙於自尊心。有一天野村領隊拿著球走向他並把球交給他說：「先發完投型的棒球已經結束了，這是棒球的革命，江夏你也試試看吧！」聽完領隊的話，江夏投手也似乎恍然大悟。

大宅先生及野村先生共通的地方就是當別人在迷惑時，他不會大聲責罵他們。人在沒有信心的時候上面的人對他吼，他反而會產生反抗的心。

為防止這點，大宅先生及野村先生先站對方的立場為他們設想，這樣當大家都處於相等的地位時，對你的責罵他們會較能夠接受。

●驕傲自滿型的責罵方法⑦

要對幹部或資深職員責罵時，可在交付他們重大工作時才說

重建了無數倒閉公司的大山梅雄先生，在升任部屬為幹部時，對他們說：「你們要辭去職員的職務。」接著他會說：「公司已經決定升你們為幹部，但不要太高興，幹部與二年的臨時工是一樣的，這點你們要牢牢記住。」

部屬先是憂後是喜，大山巧妙地利用了部屬的心理。當部屬以為自己是要被炒魷魚時，會覺得自己完全失去了大山先生的信任而變得悲觀，但接著大山先生又升任他們，交付他們重大的工作，最後他又提醒他們幹部與二年的臨時工是一樣的。在部屬的心理上他們會對大山先生充滿感激，並心想我一定要為董事長您賣命。

遭山難時情況愈嚴重，被救時的喜悅也愈大，當在絕望當中獲救時，你的喜悅也往往最大。大山先生運用的方法便是基於這種原理。

同樣地大山也反用這種原理，他在交予部屬重大任務時，用嚴厲的話責罵他們，也並沒有引起他們心中的不滿。

要責罵部屬利用這種機會是非常恰當的。

●驕傲自滿型的責罵方法⑧

較資深職員若欲反抗時，可刺激他的名譽慾望

率領日本男子排球隊的名領隊松平康隆先生說：「要如何讓球員有幹勁呢？其實人一旦成人後最重視的便是金錢與名譽。金錢不是每個人都可求得的，而名譽則相當於自我顯示欲。刺激自我顯示欲也可激發出人的幹勁。家人去給小孩的運動會加油，小孩會更賣力，這便是人類最單純的自我顯示欲的表現。」

松平先生的意見看似有些極端，但仔細思考人類的心理也真的是如此。人經常希望獲得同伴的認可，獲得世人及社會的認可，這也是幹勁的來源所在。比方軍人為了獲得勳章而努力，作家為了獲得文學獎而不斷尋求突破。

這種希望獲得社會承認的欲望便是松平先生說的自我顯示欲的一種。松平先生便是以此為刺激，引發選手的幹勁，這對要不斷超越嚴格練習的學生是很好的訓練方法。

這種刺激名譽慾望及自尊心以引發幹勁的方法，可使用於公司這種組織當中。尤其非責

罵那些資格較深的員工時，可說：「你只要超越工作的失敗便可升到較高的職位」、「把錯誤減到最低，你不就升上去了嗎？」用這類刺激部屬名譽慾望、自尊心的話是非常有用的。

要扼殺部屬還是要活用部屬，端看上司的手腕，這種方式部屬一定會敞開心扉接受你說的話。

●驕傲自滿型的責罵方法⑨

不常犯錯的部屬犯錯時可用訴諸情理的方式責罵他

每個公司都會有擁有特殊技能的人，這種人很少犯錯，但一旦犯了錯不罵他又不行。尤其若他比你年長，你當然更難罵出口。

這類部屬對工作相當有自信，也覺得自己在某一方面比上司優秀，你大聲叱責他效果往往很糟。此時可情、理皆施，這樣對方一定可敞開心胸的接受你的勸言。

世界著名的指揮家小澤征爾先生年輕的時候，團員當中常有比他大十二歲以上的。當時小澤還年輕，而鋼琴師已是世界有名的，他們多半自尊心很強，要指揮他們蠻難的。若團員犯了錯或是沒有按照指揮來演奏，他們都要重來好幾次，因此常會發生爭執。但不管如何爭

區分驕傲自滿型部屬的方法①

凡事以自己的方式行事與別人不太一樣

上司的評價另當別論，自己給自己評價。

執小澤先生仍會擁抱著他們說：「你是我的朋友！」

這或許是樂團中相當成功的一個例子，但即使在公司中，尤其是對資格較深的職員，這種方法往往會很有效。

對自尊心強的部屬叱責只會讓他覺得自己的的存在價值被否定了，這時若能訴諸以情，必可得到對方的了解。

比方在罵他之後一起去喝一杯，或是稱讚一下對方，也就是理性責罵，再加入一些情義，即使資格較老的部屬也會感動。

●驕傲自滿型的責罵方法⑩

資格老的部屬若犯了錯不要當場罵他

要教動物一些技能時往往會用餌獎勵他，這叫做「學習的強化」。給餌是「正的強化」，處罰牠是「負的強化」。給賞或處罰最好是愈快愈好，牠們也會記憶得較快。

一般而言，責罵部屬最好是在犯錯後立刻責罵最好，但這個原則並不適用於所有的部屬。對資深的部屬，由於他們已有很多經驗，學習也已致停止，若你期望立刻「學習的強化」

，你可能會失望。他心裡會想：難不成你把我當新人看待？這麼一想，他對工作、對上司就會心灰意冷。

新人可在犯錯後立刻責罵他，資格老的員工則切忌用這種方法。

前幾天我看到一本週刊上的標題有一則「我的責罵方法」。這是針對有幾個部屬的部長做的問卷調查。有某個汽車公司的代理部長說：「新人可以當場罵他，資深的則不可。」

即使都是部屬也不能採一樣的責罵方法。

●驕傲自滿型的責罵方法⑪

資深職員的自覺性不夠時，可利用全體犯錯時的機會在大家面前責罵他

部屬當中一定有漸漸習慣工作、資格也較深的員工。雖然他們比其他人更容易進入狀況，但對工作的自覺卻不夠，若他能夠發揮領導能力，應可帶好其他的新人。那麼該如何教育那些老資格的員工並促使他們成長呢？我的演講會當中便常有人問到這個問題。

老資格的人雖然可應付好工作，但離要升任重要幹部卻還早，他們應該是管理職的預備軍。這些預備軍若不協力為公司出力，公司也不會成長。我建議的方法是：若大家出現錯誤

時，可在大家面前以老資格的為代表來責罵他們。

當然，他代表的是大家，可是他卻會有上司對他與對別人不一樣的感覺產生，他會認為「上司對我有所期待才會罵我」，如此他便能接受你的責罵。且在大家面前被罵也會有所自覺。其他的部屬看到他連自己也被罵進去了，自然會承認他是這個團體的領導者。

棒球中的教練及領隊就好像是一般公司中的中間管理職，選手就好像是部屬一樣。只要是人的集團就自然會有領導的人出現。

川上領隊時代的長島及王領隊時代，河埜及中畑便都是這種領導型的人。這兩個人再怎麼被罵也不會心生不滿，因他們在團體中唯獨他們被罵，他們反而覺得很光榮。

●驕傲自滿型的責罵方法⑫

責罵對自己立場有所顧忌的部屬時，需在最後緩和一下氣氛

在綜合商社擔任部長的我的朋友，他也有出國際金融的書，但其實部屬對他都很敬畏。他的部屬給他取一個綽號叫「理由部長」。

他之所以會有這個綽號，是因為他在罵完部屬後會加上「這都是有理由的……」。一開

始部屬都會試著要解釋理由，最後自己也說不出來時，我朋友會笑笑說：「這都是有理由的……。」

但是朋友這最後的話使對方自覺到自己的缺點。被罵的部屬被上司的理論壓倒，應是被逼至頂點才對。尤其是部屬有部屬或後輩時，因沒有立場，所以他會想：「部長說的話都對，但我的頭腦沒有部長那麼好！」一旦這麼想，他會喪失自信並會產生反抗。

此時，緩和「罵——被罵」這種關係是很有效果的，可說：「這都是有理由的……」「若能這樣做就比較好……」「現實或許有點困難……」，用這些話緩和一下對方的心情。如此一來，他又可冷靜地分析自己。

在緊追部屬的時候，不妨給他們留下一個逃生的出口。

●驕傲自滿型的責罵方法⑬

一定要責罵有幹勁的部屬時，在最後要讓他有申訴的機會

我的學生當中有一個人，他有這樣的上司。激動派、責罵部屬時會罵得很凶，甚至口不擇言。但在最後他一定會加上一句「你為什麼會造成這樣的錯誤？」聽我學生說這個上司雖

很嚴格，但卻很受到大家的歡迎。

人在罵人的時候往往會失去理性，甚至拘泥於單方面的想法，所以罵起來也會特別凶悍。而被罵的人也很容易失去理性，最後失去冷靜的判斷力，並陷入極端的狹窄視野當中。心理學證明責罵的一方愈一意孤行，被罵的這方這種傾向也愈強。

了解了「罵與被罵」的心理，上司在責罵部屬時也該有所顧忌。人家說「強盜也有他三分道理」，犯錯的部屬也許「當時沒有時間，而判斷材料又少，所以只好那樣做……」，你應該聽聽他的理由。尤其是平常很有幹勁的部屬，一定更有話要說。你連說話的機會都不給他，會像前面我們說的那樣，部屬會喪失理性並陷入狹窄的視野當中。

所以，在罵完部屬後要給他們一點申訴的時間，並讓他們的理性恢復。

●驕傲自滿型的責罵方法⑭

部屬理性地在聆聽你的話時，大聲叱責只會傷害到對方

人的心理是很有趣的。同樣內容的話，說出來的口氣不同，對方接受的方法也不同。其中，慢慢說產生的效果叫做「慢慢效果」。

和人說話時慢慢說的話，對方可以想一下你說的內容，也可保持較理性的態度。其實慢慢說還可以慎選說話的字眼，以防刺激對方。

「慢慢效果」的對應是「快快效果」。政治討論會時大家說話多半很快，這樣會讓對方較沒有思考的時間。政治討論會是以贏為目的，善用「快快效果」可擊敗對方，說話的人也必需具備某種技巧。

教授會時大家說話也都很快，但教授會並非對決的地方，每次大家說話變快時，司儀便會稍緩和一下大家的情緒。慢慢說的話有抑止興奮的作用。

我認識的一個董事長便很會運用這二種效果，他平常說話很快，有一天我問他說：「你平常罵部屬時說話也都這麼快嗎？」他告訴我說：「我是看人及看情況改變我說話的速度。」也就是在命令部屬時他講話都很快，但和有自覺性的部屬說話時，或是希望對方了解自己說的話時，他說話的速度就會變慢。

上司在責罵部屬時自己也會處於緊張的狀態，說話快較易發散自己緊張的情緒，但這也較易刺激到對方，反而會失去本來責罵的目的。要讓對方理性反省的話，就必需使用「慢慢效果」。

●驕傲自滿型的責罵方法⑮

部屬對自己的錯誤認為是自己的責任時，與其罵他不如讓他想想挽救的辦法

有一家大礦業公司的董事長，戰後公司發展得很順利，他親自指揮在工廠內設自家用的發電所。當火力發電所即將啟用時，他把火放進去，蒸氣渦輪的翼竟然斷掉。渦輪是他向朋友的公司買的。大家那時都指責負責人的他說：

「到底在幹什麼？怎麼不向好一點的公司買？」

他一直在想自己是否應該負起這個責任時，當時的董事長召集了公司的重要幹部說：「反正事情已經發生了，現在再說什麼也是多餘，我們只祈求災難能轉為福。我們趕快再定一台，現在這台則儘快修理。這樣發電能力變成二倍，不也是一個很好的機會嗎？」

聽完董事長的話，我的朋友一股作氣發憤圖強，終於洗刷前恥。若不是董事長的那席話，也不會有今日的他。

責罵部屬其實是要激勵部屬並防止下次再犯相同的錯誤。一般犯錯後部屬都會覺得不安，此時上司再大聲叱責，只會使他們喪志。若你強調對他的信賴，他一定會真正做反省並不

再犯相同的錯。

我認識的一個董事長，有一次突然罵一個來報告錯誤的犯錯部屬。他說：「犯錯也是不得已的，但我實在無法忍受他沒有思考改善案的態度。」他可說：「錯誤已發生了，你想想改善的方法！」這樣部屬才不會喪志。

心理學上認為說抱歉、對不起是感性的，想出解決的方案才是理性的。失敗時不以感性處理而以理性處理，他一定反省過將來絕不犯相同的錯誤。

●驕傲自滿型的責罵方法⑯

部屬以自己的私事為重時，可拿出公司的規定來責罵他

有一段時間很流行公司內的戀情，這種風潮似乎讓我們不禁想到一向反對「公私混淆」的日本人是否也逐漸在改變了。當然，公司方面並不歡迎這樣的風潮，只是最近這種私人的權利似乎也愈來愈受到重視。

上司在責罵部屬時，有時會牽涉到個人的隱私，像「你在私生活上好像更如魚得水」、「這樣做人家會笑你」、「你到哪裡都一樣差」。這麼說不僅會傷到他們的自尊心，更會引

起他們的反感。

人並不只是為了公司而活，人生有很多舞台，每個人也有很多角色要扮演。有時是父親，有時是會長，有時是同好會的一員。公司的職員只不過是他衆多角色中的一個，你只責罵他在公司中的這個角色，他會比較理性地接受你的責罵。

若你涉及個人隱私，或否定他全部的人格，他會下意識出現防衛的心，並有激烈的反抗。尤其是情緒起伏較激烈的人，他的自尊心比別人更易受傷害，你們的衝突也就更大了。

因此，責罵部屬必需只限於工作上的。二出川元巴‧理古審判長，在接受某個領隊提出規則書時，他斬釘截鐵地說了一句話：「在這裡我就是規則書。」

若能在狀況中有明確的理念，對方一定也會遵從你。責罵部屬時向他說明公司規定是這樣的，他對你的反抗心也自然會消失。

●驕傲自滿型的責罵方法⑰

責罵女性員工不要拿出性別來做攻擊的藉口

公司多半也會引進一些女職員，由於商業社會的改變，女性已經脫離以往花瓶的形象。

驕傲自滿型部屬的區分方法②

不喜歡上司管太多

平常的生活方式完全照自己的意思

高中、二專畢業的女性職員，是否好好運用他們，往往也會影響業績。你自己明白這一點，但實際做起來卻相當困難，尤其是罵她們的時候不能太重。

慶應義塾大學的I教授，在雜誌社託他寫的一篇文章中說到：「最近的女學生愈來愈沒有教養。我開教室的門正要走出，突然有一個女學生先跑了出去，她讓別人幫她開門，實在太過份了！」這位I教授在下次上課時，女學生們向他抗議：「教授記恨這無聊的事，是否要教訓女性？」

她們為什麼會這麼激烈地向教授抗議呢？教授只不過是對她們沒有禮貌這件事提出抱怨，但對她們而言似乎變成了歧視女性的發言。現在的女性對性別這種說法相當敏感。「太過份的女人」這句話觸碰到了她們最敏感的部份。

人類自卑的部份一旦被觸及，會變得想要反抗。若這個部份是能夠靠努力克服的那還好，若是無法改變的事實，反抗心會更強。比方人在身體上有缺陷，這無論他怎麼努力都無法改變，這就好像別人以你是女人來攻擊你一般。若你了解女性的這種心態，就別拿出「女性」這個字眼來責罵他們。

●驕傲自滿型的責罵方法⑱

不可說出傷害對方人格的話

平常上司在責罵部屬時，會不知不覺變得感情衝動，甚至扯到別人的私生活。這種罵法只會增加部屬對你的反感。

在部屬心中評價很好的上司，多半有考慮到這點，他不會做人身攻擊。

會罵部屬的上司是只說工作上的，他們會讓被罵的部屬在心理上有逃生的空間。能得到部屬信賴的上司便是這種技巧運用得很好的上司。當你在心理上有了逃生的空間，便會比較容易接受別人的責罵，利用這種心理來責罵部屬效果會很好。

聰明的上司是只針對工作的錯誤責罵，像「這個工作是要這樣做！你的個性就是太散了，才會發生這樣的錯誤」，這類的話應避免使用。

若你不想扼殺部屬的才能，也不想當個無能的上司，可遵照美國心理學家基諾多德所舉的以下十個禁忌：

1、惡言……胡說、廢物。

2、侮辱……你這個人渣！
3、責備……、又來了！
4、壓抑……住口！你聽不懂我的話嗎？
5、強迫……說不行就是不行！
6、脅迫……我不想再看到你了！
7、懇求……拜託別再這樣了！
8、牢騷……太丟臉了！
9、收買……只要你做到就給你升官！
10、諷刺……你太偉大了竟然做出這麼可笑的事！

第五章
沮喪型的責罵方法

區分沮喪型部屬的方法

當人心生欲求不滿時，並不是都會向外攻擊，也有不少人會把攻擊指向自己。他不會把過錯指向別人，而是完全認定自己錯。他們為了解除自我的不滿，會造成把罪往自己身上攬的自我矛盾，結果是又產生新的煩惱。

本身所要說的「沮喪型」，便是攻擊自我型的，上司必需特別注意及了解他們。在別人沒罵他們之前他們便已自己罵自己，你又施以不當的責罵，只會使他們自罰、內罰更深。

不過，並不是說這類型的部屬就不需責罵，只要責罵的方法對，一樣可以責罵。

他們往往無法客觀地看自己，所以會認為自己能力不足，心中也就產生不安，最後一直惡性循環下去。

他們不會說出心中的想法，更不會對別人傾訴他們的煩惱。不安使得其能力無法發揮出來，他們想自己大概無法應付這項工作，最後真的是變成無法完成工作。

這種型的人其心理特徵大概如上述般，很容易沮喪。在公司中被責罵而變得沮喪，能從地獄般地「沮喪」中把他們救出來的就是上司適當的責罵、建議。希望身為上司的人能在日常生活中多幫助這類型的人。

●沮喪型的責罵方法①

被罵後看似受了很大打擊時，在最後加上一句勉勵的話

前面我們提過松下幸之助先生，在罵年輕部屬，後藤清一時的一段寶貴的經驗。

有一次松下先生在責罵犯了錯的後藤時，他手中拿的棒了因太生氣而弄彎了，最後松下先生說：「唉呀！棒子彎了，你可不可以幫我弄直。」等後藤把棒子弄直後，松下先生說：「你的手很巧耶！」因為他的這句話，後藤心中的反抗消失了。更驚訝的是他回到家中時，他的太太已準備好酒在等他，原來松下打電話給他太太說：「你先生今天回來心情一定很悶，你幫他準備些酒吧！」

自從這件事以後，不用說後藤一定比以前更努力工作。

松下先生的管理術可說是透到人的內心了。人被罵後會心生反抗，容易沮喪的人又會摻入不安，而處於相當緊張的心理狀態。松下先生在責罵過後，漂亮地解決了這些問題。

責罵這種行為，基本上是人格與人格的抵觸，被罵的這方處於弱勢，當然會心生不滿，此時你又傷了對方的自尊心的話，更會引起強烈的反抗。

上司在責罵完部屬後，加上一句「好好加油」是非常重要的，要像松下先生那種作法是很難的，你雖然只是加一句話，我想一定也有鎮靜的效果，且也讓對方冷靜地接受被罵的內容。

●沮喪型的責罵方法②

部屬在為被罵反省時，沒有必要再責罵他

演員武田鐵矢先生一本雜誌的訪問中談到：有一天他主持的廣播節目收到他把當他老師般尊敬的山田洋次導演的留言。武田心想他一定是要批評自己的工作方式的。

但與他想的正相反，山田導演的留言是：「武田你最近忙嗎？一忙的話身心都會很疲累。不過，我想決定人一生的不正是你在忙時學到了多少嗎？」這些話鼓舞了武田先生。

這些留言使武田更發憤工作。「寅先生系列」的名導演便把人的心理拿捏得很好。若此時山田導演如武田想的那樣從正面批評他，武田大概也不會真正有所反省吧！

人的心理其實是很不可思議的，當他犯了錯誤自己會反省，他也知道被人責罵是應該的，但真正被罵時他仍然會覺得難受，甚至會對罵他的人心生反抗。如此一來，反省之心也沒

了，或是變得意志消沈。

也就是，當本人以為自己的錯誤在反省時，你又罵他，反而會出現反效果。你應該做的是鼓勵他，如此他反省的意念會更高，也不會再犯相同的錯誤。

松下幸之助對忘了關電燈卻自己沒什麼感覺的部屬，聽說罵得很兇，可是後藤清一犯了失火燒毀工廠的大錯卻只說了一句「以後繼續加油」，當然後藤會想「我死也要為你賣力」！

●沮喪型的責駡方法③

部屬被責罵而沮喪時，可從低位置來責罵他

我要去演講的公司做事前討論時，在控制室中與一個年輕人討論時，忽然有一種奇妙的感覺。好像對方在罵我，我在乞求賜教的感覺。

原因應該是椅子的關係，我坐在沙發上，他坐在高椅子上，感覺他比我高。

往上看及往下看的物理上下位置關係，會影響到雙方的心理。由上往下看會有優越感，相反地由下往上看則會有壓迫感。

位置的上下關係會變成心理的上下關係。比方比你地位高的人出現在你的眼前，人會下

意識地彎曲身體，頭也會低下來。

所以，在責罵部屬時對方坐著你站著，會讓對方心理上產生很大的壓迫感。若你從低位置責罵他的話，會舒緩對方的心情。

當然這也因責罵的內容及平常雙方的人際關係而有所不同。真的需要罵時也不妨從高的位置責罵，但對反抗心強的部屬，可從低的位置罵他。

這當然是要視情形而有所不同的，對沮喪型的部屬則要避免從上而下一直責罵他。你必需從比他低的位置責罵他，去除他的壓迫感，這樣責罵才有效果。

●沮喪型的責罵方法④

被罵後的壓力不易散去時，可藉外勤的工作讓他轉換一下心情

被上司罵完後，部屬當然會覺得焦躁不安，尤其是被不會罵人的上司責罵過後，他們更需要轉換一下心情。

一間大公司有專門為員工設的「自我治療室」。房間中有凸面鏡及凹面鏡，生氣時的自己在鏡中會奇妙地變形，這樣你就可以看到自己生氣的模樣。

房間裡面還放有社長的照片及稻草娃娃，你可以對著照片叫或用竹刀畫稻草娃娃，還有拳擊套及沙包，這樣你就可以轉換一下自己的心情。可以把對上司的反抗及不滿轉換到肉體上發洩出來，這種「自我治療室」相信效果一定很好。

公司中不可避免地上司多少都會罵部屬，但被罵之後，部屬心中也會存積壓力。要消除這種壓力，其實上司要負很大的責任。

每個公司都有較神經質的職員，上司必需讓他們有轉換心情的空間。在罵完他們之後，不妨找些外面的工作讓他們出去跑跑。

在罵完後大家都還在氣頭上，所以暫時不會碰面較好，這樣較易恢復原來的關係。接著再交待他外面的工作，到外面以後有了別的刺激，被罵的心情也會稍微緩和。

這只是其中的一個方法，你也可以找他下班後去喝一杯，或是事後說些鼓勵的話，上司的一點關懷往往具有神效。

●沮喪型的責罵方法⑤

部屬的性格若是不擅被罵型，儘量緩和他被罵所受到的衝擊

上司當中有「會罵人」，也有「不會罵人」。同樣地，部屬當中也有人「擅於被罵」，也有人「不擅被罵」。其中容易沮喪型的部屬便是「不擅被罵」型的典型。

這類型的人當「責罵」的衝突來臨時，他的心會立刻動搖，他會覺得自尊心受損，進而影響到工作。並不是說這類部屬犯錯時你就不能罵他，只是要考慮到這種型的人對「衝擊」比較無法招架，所以儘量緩和責罵的衝擊才是明智的。

工作的責罵不僅會影響工作，還會影響到本身的成長。若你已知道對方是不擅被罵型的，就要儘量緩和、降低對方被罵的「衝擊度」。

我一個在當經濟部記者的朋友說松下幸之助一直很期望被罵。

松下先生在五十年前就說：

「有人可以罵你，是一件很幸福的事。我沒有人罵我，這種感覺非常傷痛。有人罵才會有成長。（中略）不過，罵人的這一方必需是為了對方好才責罵他，而被罵的這一方若把對方的罵當作自己前進的資料不是很好嗎？」

也許這種話只有像松下先生這種大人物才說得出來。把公司中這種上司與部屬「罵——被罵」的關係告訴你的部屬，可減少「不擅被罵」型部屬的衝擊。

●沮喪型的責罵方法⑥

部屬因犯大錯而驚慌失措時，可過一段時間再罵他

我的朋友他的老闆很會罵人，平常對員工很嚴格，忘了打卡或是電話的應對不好他都會暴跳如雷。

有一天，一個員工犯了大錯，他把從顧客收來的錢忘在計程車當中，但老闆卻一句話也沒罵他。一個禮拜後，他把他叫去對他說了一番話。

部屬若犯的是小錯可立刻罵他，他本人因為知道你罵他的原因，所以會接受你的責罵。若他犯的是大錯，他正在驚慌失措當中你又罵他，效果一定不好。

這時你責罵他會使他意志消沈，心想：「我已經在反省了，你為什麼還要這麼責罵我，這個上司是不是對我個人有所不滿？」

所以就像前面說的老闆的例子，對於犯大錯誤的部屬，給他們一點時間，等他們恢復理性，可以冷靜判斷時再責罵他們會比較好。依錯誤的大小，觀察部屬的心理狀態，再決定罵他們的時機會比較好。

沮喪型部屬的區分方法①

把錯誤都往自己身上攬

害怕說出自己的想法

●沮喪型的責罵方法⑦

部屬犯大錯而自責不已時，你又大聲叱責他會有反效果

前面我們也說過土光敏夫先生很會掌握部屬聞名於經濟界，他在當東芝董事長時有一次發生以下的事。

有二個部屬去喝酒，喝到店要關門還不走，店的老闆娘把警察叫了來。其中有一個人是柔道黑帶，當警察要把他帶走時，他把警察摔倒了。

第二天同事去警察局看他們，他們也都覺得很不好意思。同事回去後把這件事報告土光董事長，他在了解整個狀況後只說了一句：「我們公司也有這種豪傑呀！」

聽完土光先生的話，那二個部屬更加自我反省，聽說之後在工作上也更加努力。這種罵人的方法實在是很高明。

人在犯錯時多半會自我反省，若因上司的責罵而變得沮喪，反而會讓他失去反省的心，心想：「我在公司已經完蛋了！上司那麼的生氣……。」

土光先生的方式會讓對方反省的心加深，這種不罵反褒的方式效果往往很好。

也就是要好好地控制住對方的反省意念。某個職棒的領隊在回答雜誌的訪問時說：「球員誰也不想犯錯，若他的錯誤是不可原諒的，我會特別注意他，若是他在努力過後仍然犯下錯誤，這也是沒辦法的事，只要他有在反省，就不用責罵他。」

覺得故意褒獎部屬的失敗很奇怪的話，不妨用沈默的方式來代替責罵。

●沮喪型的責罵方法⑧

責罵沒有自信的部屬時，可強調會犯錯的不只是你，故意將問題一般化

聽一個企業員工研修講師朋友說，在研修時，若女性員工回答問題答錯，他一定會加一句「這個問題很多人都會答錯」。答錯的女性員工才恢復變紅的臉，繼續接下來的研修。

在她答錯的那一剎那，她會想「糟糕了！我答錯了！會犯這種錯誤的大概只有我吧！」把自己設定成很特殊。

此時若研修的人，甚至連講師也笑她的話，她會覺得很沮喪，進而產生反抗的心。

當講師對她說：「誰都會答錯」時，她的精神負擔會頓時減輕很多。

講師這句話當中，最重要的是他強調了「每一個人」這個字。這樣會使她覺得原來不是

只有自己會回答錯。善用這種心理，在責罵時補充上一句「我以前也不會」的話，部屬較容易接受你的忠告，因為上司也在「大家」裡面。

●沮喪型的責罵方法⑨

部屬覺得自己很不如人時，可和別人一起責罵

我有一個朋友繼承家業，在經營一家小成衣廠。有一天他板著臉來找我說：「最近員工相繼要辭職。」我問他是不是在管理上出了問題，他說他不會把罵部屬這件事對別人說，因他怕傷害了對方。

雖然這種責罵方法的好處在於不會傷害到對方的人格，反之，他也會懷疑是不是只有自己被罵，尤其是缺乏自信的部屬，他會想「我不好所以只有我被罵」。這種體貼的心情反而產生反效果，於是我建議他對這種沒有自信的部屬，最好是和其他人一起罵較好。

若被罵的有幾個人，他會想其實別人也和我一樣也有缺點，也會犯錯，這樣他的心理負擔也跟著減輕。有時，別人也被罵反而會喚起自己的自信。

之後他沒有再來找我，我想可能是我給他的建議奏效了也說不定。

當對方有好幾個人時，絕不可口下留情，你可以說「你工作偷懶」「你只會嘴巴說說而已」之類的話也沒關係，這種方式只會讓對方有公司的感覺。

最好是選一天把部屬找來一起罵，這樣才不會覺得只有自己被罵，也不會萌生去意。

●沮喪型的責罵方法⑩

用說的不如用寫的

在管理部屬的各種例子當中，也有人為了要說服對方還必需拿出汗巾擦汗的。有的人還會說話打結。當然上司也是人，往往在做出冷靜的判斷以前，便已把對方罵得狗血淋頭了。

若上司這麼辛苦的結果，部屬能夠接受的話還好，但結果往往是否定的。多數的部屬多半會有反抗的心。

這類部屬上司更應該在事後安撫他們，但即使心中明白這點，當二個人面對面的時候便又會失去理性。

要避免上司與部屬之間的對應，不要照面不失為一個好方法。

像有很多例子是，反抗父母的少女，在與母親以書信方式溝通後，逐漸敞開心房的。

這種心理作用是具有將雙方引向客觀、冷靜的效果。

這種溝通的方式在於接到信時，只有自己靜靜地一人，你是在與自己的心靈對話。一個人靜靜地看著文字並且思考，可冷靜地思考對方的立場及自己應採取的態度。與對方沒有面對面，提供了彼此一個思考的空間。

在激烈責罵後，不妨退一步，寫寫信、小抄等可使對方稍微緩和，只要一句「好好加油哦！期待著」這樣一句話便足夠了。

●沮喪型的責罵方法⑪

部屬欲躲開對立及緊張時，最好不要正對面責罵他

以前有一家電視公司的製作人來向我請教，政治討論節目不太有趣，需如何改進。出席的人都是很有名的人，但最後結尾總覺得不夠似的。

我給他的建議是：改變出席者的位置。以前他們都是橫著坐一排，我建議他二者面對面坐。採用了我的建議後，每回討論都很熱烈，節目也大大地受歡迎。

人與人面對面說話會有壓迫感，是因為二者視線正面交錯。來自正面的視線往往比較強

，也較具攻擊性。人與人爭辯時面對面的位置容易產生對立關係。若對方的位置在側面，對立也較難發生。

政治討論節目便是運用這種視線心理學，出席者變成了對立關係。

這種「視線心理學」也可應用在工作上。對易緊張的部屬，罵他時可以坐在他旁邊，要罵冥頑不恭的部屬，可以坐在他的正對面。

●沮喪型的責罵方法⑫

你覺得他是不擅被罵型的部屬而選擇不罵他時，他反而會因你不罵他而在意

有一個心理學的實驗是把小孩分成三組，讓他們做算數，測試他們的幹勁有多少。首先第一組是說：「你寫得不錯」，第二組是說「趕快寫」，第三組則什麽也沒說。

第一組我們把它稱作稱讚群，第二組是叱責群，第三組是漠視群。這三組的成績相差很多，稱讚群成績最好，叱責群成績普通，漠視群的成績最差。

有人說對小孩不要太過責罵。稱讚的確可以引發小孩的幹勁，但完全漠視他們，還不如責罵他們來得有效。人一旦被周圍的人漠視，便會失去幹勁，這種心理傾向不論大人、小孩

都有。

日本電工的創立者森矗昶先生責罵部屬「混蛋」是有名的，但聽他女婿安西正夫說，他岳父罵人也是拿捏得很好，有些人不被他罵一聲「混蛋」就好像缺少了什麼似的。

責罵在心理學上是一種溝通的手段，這中間存在了重要的人際關係。若你不責罵他，也不稱讚他，會讓對方以為你不重視他。

玩樂的團體即使你被人忽視大概也沒啥關係，但公司就不一樣了，部屬一旦覺得被忽視便會失去幹勁。要提高部屬的幹勁必需掌握好時機才會有效果。

●沮喪型的責罵方法⑬

為避免傷害到部屬必需縮短「責罵的時間」並加長「罵前的時間」

有一本某銀行人事部編的女職員教育的書上說：「罵得很多，不如一句話來得有效。會罵這麼多，可能是上司根本沒有了解整個狀況。」這些話對身為上司的人或許有些刺耳，但卻是事實。

不會罵人的上司是在召集部屬來說教的時候，說得又臭又長。這多半是因為上司本人也沒有將問題把握住，也就是說要縮短責罵的時間，上司必須先把問題整個整理、了解一遍。

對部屬而言，被罵時一定很不愉快，若對方說的話沒有說出重點，他大概也記不住。所以說教的時間是愈短愈好，有一個方法是上司可以控制住罵人的衝動，並把它冷卻一下。等到把問題整理好再罵人，否則罵一些無關重點的話，只是滿足了自己罵的欲望而已。在罵人之前的那一刻，先想一下會比較好。罵得愈少也愈不會出差錯，也更能掌握問題的所在。

對容易沮喪的部屬更是不能責罵他們太久。人非聖賢，讓自己冷靜一下才有思考的空間。想想A的話大概會這麼回答，B的話大概會這麼回答，然後再決定罵的方式。

比方B反抗心較強可以採逆療法，現任養樂多隊的領隊野村克他在南海當領隊時，便常對主砲的門田選手使用這種方法。

此外，還需考慮罵的時間及地點。比方「很久沒和C君喝一杯了，今天找他去喝一杯」，等時間過後再冷靜地罵他。

●沮喪型的責罵方法⑭

很欠罵的部屬你也該找出一點稱讚稱讚他

罵人只要有很多材料，便會一罵不可收拾。我知道一家印刷公司的老闆罵起人來有時就是一、二個小時。

有些很欠罵的部屬你若是一直罵他，他到最後會完全失去幹勁。心理學的實驗便證明了這一點。

讓小孩子做IQ測驗之後，又出了幾道問題給他們做，中間又對他們說：「還沒做好呀？」、「其他的小孩都寫好了哦！」他做到一半又再拿IQ測驗的題目給他做。結果發現後來做的IQ測驗比之前做的分數低。

這個實驗證明人一旦被罵，能力便會減低，這在心理學叫做欲求不滿——退化現象。

若公司中發生這種狀況就不太好了，有重要工作時上司又在一旁責罵，工作效率一定會大打折扣，此時你必需停止責罵。

那麼，要怎樣才能責罵他們，又不會使他們降低工作效率呢？以下的例子可做為參考。

沮喪型部屬的區分方法②

凡事都很膽小，不敢負責

不會說出心中的苦惱

棒球評論家江川卓先生要蓋一棟幾億日元的豪邸，負責承包工程的設計師把完成的圖面給江川夫人看，夫人似乎不是很滿意。但她還先稱讚了設計圖之後才說：「這裡弄這樣，不是更好嗎？」

有句話說：「欲射將，先射馬」，在罵完部屬後又希望他恢復幹勁，就好像先射馬般，先說些稱讚的話吧！

●沮喪型的責罵方法⑮
部屬覺得自己的能力已經到極限時，不說什麼反而是最好的責罵

前幾天我去參觀一個復健中心的設備，也看到了患者在做復健的情形。

大家都知道復健中心是針對那些中風、車禍、半身不遂的人做身體機能復健的地方。這裡有很多人視自己的症狀在接受機能恢復訓練。這種訓練對四肢健全的人來說大概沒什麼，但對患者來說卻是相當痛苦的。所以每個設施都有工作人員在一旁協助，並鼓勵患者。

但在訓練當中有很多人不願別人扶持，聽說這樣恢復得會比較快。

有的人好不容易好了一點，回到家裡以後反而又恢復到以前的樣子，原因就出在對家人

的依賴心。這套設備的效果就在讓患者去除掉依賴心，他不能依賴工作人員，只好靠自己的力量咬牙突破。

人因為有依賴心，所以無法達到目的。若你的部屬當中有人在遭遇困難時，你最好什麼也別說，因為自己的困難只有靠自己的力量才能夠克服。

家人對病患的關懷，有時反而害了病患，相同的，上司要給部屬援助有時也正害了他。

第六章

徒勞無功型的責罵方法

區分徒勞無功型的方法

有些部屬你怎麼罵他都沒用，這類人不同於先前我們說到的目中無人型或是驕傲自滿型。你罵他他好像也把你的話當耳邊風，最後只是把自己搞得既疲且累。

若你以為這類型的人是屬遲鈍型的，那你就錯了。這只是一種欲求不滿所表現出來的方式而已。當他被罵或自我被否定時，他又無法正面反抗，於是他用無言的反抗來表達內心的不滿。

所以這類型人的特徵是平時在生活、工作上看起來很達觀，有緊急的事發生，他也好像不會慌亂，並且會說：「沒什麼！一定有方法可以解決的。」但其實這只是他在面對緊張與對立時，一種逃避的方法。

他不想在緊張與對立中傷害自己，所以表面上裝作什麼事也沒有的樣子。

這種徒勞無功型的人表面上好像很悠閑又笨笨鈍鈍的，其實他保護自我的牆是很堅固的。要進入那座牆是很難的，不過一旦突破了那道牆，他心中的圍籬也會撤防。要攻破那座牆，不妨看看以下的方法。

●徒勞無功型的責罵方法①

部屬太習慣被責罵時，上司之間應該分擔責罵的工作

以前軍隊中曹長及軍曹負責罵一些小事，重要的問題則交將校來責罵。小事像敬禮的方法，說話的應對等等，這種小事絕不會出動將校。所以在面臨重要問題的時候，只要將校一句叱罵，大家都願捨命為國。

這種分擔責罵工作的方法，用於公司的組織也很有效。也就是一般的小叱責由中間管理職來做，社長則負責大局即可。

這不僅是全公司而已，最好課及部也這樣做比較好。比方遲到及應對方式不好，可由課長負責，與顧客的重要問題則可交由部長來處理。這種合作關係有助於提升士氣。

若你經常責罵部屬，久而久之他們也會習慣你的責罵，最後變得麻痺，所以必需刺激一下他們已麻痺的感覺。

人會有「習慣效果」的存在。比方在嬰兒耳朵旁弄出很大的聲音，一開始他會嚇一跳，幾次以後，他就沒反應了。責罵也是一樣的，罵多了效果自然也跟著減低。

所以，部長平時就常罵人的話，重要關頭反而發揮不出效果，這種小事不妨交由課長來處理。

在工作中責罵也必需分工，上司在罵部屬時，若了解自己扮演的角色，也可漸漸看到分擔的境界線。

●徒勞無功型的責罵方法②

常出差錯的話，在錯誤發生後便叱責他

對常犯錯的部屬，如果你衝動地大聲叱責他，部屬只會覺得反抗，工作效率也會降低，徒使工作環境氣氛惡化。有的上司先是忍住不說，等到忍不住時就開始對部屬說教了。

這種方式是上司只顧到自己的心情，卻忽視人反抗的心理。

若把部屬反抗的心理比擬成物理公式（上司的責罵）×（發生錯誤開始的時間）＝（部屬反抗的心理）。當部屬犯錯時他自己也覺得不對，上司罵他他也無可奈何，當時的反抗心還沒有那麼強。若上司經過了一段時間才罵他，他的反抗心會變強。

好不容易消失的舊傷又被你挑起，難怪部屬會反抗。這種反抗的心理要消除需要一段時

間，工作效率自然也降低了。

在叱責部屬時若會使工作環境變壞，也不刻意壓抑，可在部屬犯錯的當時罵他就好了。好好掌握罵人的時機才不會影響工作效率。每個地方都有會罵人及不會罵人的上司，上司的責罵方式往往影響整個作業的效率。

●徒勞無功型的責罵方法③

部屬一直重複同樣的錯誤時，與其責罵他不如讓他想想錯誤的原因

有些上司認為部屬沒有人願意犯錯的，所以他們不太責罵部屬，他們看起來好像是寬容的上司，但很意外地他們並不受部屬歡迎。

也有些上司在部屬犯錯時他就搬出一堆大道理，比方公司的損失有多大，自己多辛苦等等，這類上司更讓人討厭。

沒有人願意犯錯，但犯了錯一定有原因，尤其是一直犯相同的錯誤。責罵對方的錯誤而不問原因，似乎是認定了對方的無能。

巨人V9時代，川上哲治領隊的智囊團牧野茂教練在某本體育雜誌上說：「錯誤就好像

疾病一樣，知道患部便可治療，不知道患部有幾處便無法治療。」他這是非常了解「錯誤心理」的責罵部屬方法。

牧野教練在每次比賽後若有出現失誤或錯誤打擊，便會與犯錯的選手及負責的教練徹底找出原因。選手當中有人可正確分析失誤的原因，也有人不行。不了解原因的人第二天早上就要去練習，藉由反覆練習找到原因。知道原因的人因有在反省，所以不加追究。不了解原因的人則會被責罵。

看了以上這段，就知道V9隊是多麼地嚴格了吧！對一直重複錯誤的部屬，責罵他只會引起他的反感。若部屬可去追究原因並冷靜分析，誘發自己的開發能力，你的罵也才是高明的。

●徒勞無功型的責罵方法④

部屬對責罵毫無反抗時，責罵前先在腦中演練一遍

教小孩可分為二種，一種是「限制的」，一種是「要求的」。

比方小孩在餐廳跑來跑去，限制的會說：「好吵！不要吵！」這種方法並沒有要求小孩

要怎麼做。

要求的則會說：「好吵！到那邊去玩。」這種方法明確指示了小孩該怎麼做。

美國的心理學家以八歲小孩為對象，根據幼兒期母親的教育方法，調查他們的幹勁。幹勁高的小孩從小就被要求「你要這麼做」，幹勁低的小孩則從小被要求「你不能這麼做」。

被限制的小孩之所以幹勁不高是因為他們被壓抑，進而變成欲求不滿。人一旦喪失了意欲，便會變得消極。教導小孩時常說「這不行、那不行」對小孩子很不好。

在責罵部屬時也一樣，有些人誤以為管理職的人就一定要罵人，甚至有些人為了要確認自己比部屬好，所以責罵他們。

這種上司只會引起部屬的反感，人的大腦只要一部份受到刺激就會波及到周圍，所以「這也不行，那也不行」就好像困住了他們的脖子一樣，只會加深他們的欲求不滿。要防止這種情形，在罵部屬之前需先明白自己要罵什麼，甚至可以在腦中先演練一遍。

●徒勞無功型的責罵方法⑤

注意力變遲鈍時，找一個被罵的主角

前面提過高中棒球隊的池田高中領隊蔦文也先生，在他的書中提到：其他的選手犯小錯沒關係，隊長犯錯就立刻罵。

這樣，其他的選手知道什麼是錯的，每個人也會有警戒心。領隊若對每一個人都罵，大家久了以後耳朵也會變遲鈍。偶而大罵一下，隊長便是那個被罵最好的人選。

決定一個被罵的代表，在罵他時就好像在罵大家一樣，這個方法非常地好。

心理學家威・迪拉女史做了一個以下的實驗。首先他準備了三支小孩子弄壞娃娃的影片。第一支是弄壞娃娃後，大人罵那個小孩，第二支是大人裝做沒看到小孩把娃娃弄壞了，第三支則是大人稱讚小孩弄壞了娃娃。把這三支影片給三個小孩看過之後，再把他們帶到另一個房間，也和影片一樣給他們一人一個娃娃。結果看了被稱讚那支影片的小孩，把娃娃弄壞了，看了被責罵那支影片的小孩，沒有把娃娃弄壞。

人會觀察別人然後採取相同的行動，這在心理學上叫做「觀察學習」。

蔦領隊責罵隊長便是運用這種「觀察學習」，當他罵一個人的時候，就好像罵到了大家一樣的效果。

從部屬中選一個最優秀的來當責罵對象的代表，其「波及效果」往往很好。

●徒勞無功型的責罵方法⑥

彼此都似乎習慣責罵時，換一種正式客氣的罵法

聽一位長年服務於家庭法院的女性調停委員說，來法院要離婚的夫婦講話都很客氣。丈夫若說：「這位女性經常這麼說。」太太則會說：「不！他才是這樣的。」他們二個人對會話很客氣，但只要有第三者說話，他們又會針鋒相對。

客套話本來就是不熟的人才會用，即將要離婚的夫妻，由於即將形同陌路，講話自然也會變得客氣。

太客氣的話會拉開對方的心理距離，善用這種心理效果，比方平常常在叱責部屬時，以罵第三者的叱責方法，或以嚴厲的話罵部屬，心理距離自然比較近。為防止彼此已經互相習慣，用客氣一點的話便可拉開雙方的心理距離。

尤其平常不是很重視上下關係的話，慎選用詞效果會很好。

不過也不可太過火，若距離拉得過遠，部屬的心理反而會產生負作用。

用客氣的話責罵部屬會刺激平常已習慣的上司——部屬關係，同時又可避免變得情緒化。

要給遲鈍型部屬衝擊，這種客氣用語不妨試試看，也許比罵他「混蛋」要來得有效。

●徒勞無功型的責罵方法⑦

部屬在等著被罵卻喪失自發力時，可故意板起臉孔

有一家公司的老闆來找我商量說：「部屬常犯錯，真是傷透了腦筋。」聽那個老闆說，平常他對部屬的要求很嚴格，只要他們一犯錯他就罵他們，但錯誤始終沒有減少。

這是因為部屬因習慣被罵，所以失去自發力，於是我建議他先不要罵他們，靜靜觀察他們。之後聽社長說他們的錯誤減少了許多。

心理學上有迴避訓練這個詞，有一個實驗是把一隻老鼠放入籠子中，鈴響了以後通入電流。試了幾次以後，每次只要鈴一響，老鼠便會亂竄。

拉下來，只要碰到籠子中的桿子，電流就會切掉。試過幾次以後，老鼠只要覺得痛，便會去碰桿子。這就叫做迴避訓練。

人雖不是老鼠，但公司中的責罵卻很像這種迴避訓練。上司罵部屬時通常是先露出不愉快的表情才罵他們。這就好比實驗中鈴聲一響，就是上司發現部屬的失敗露出不愉快的表情

，接著，實際的責罵就像是電流通過。當看到不愉快的警告，就準備要被罵了。

若上司已罵了很多次，部屬會想要切斷這種不愉快的警告，他們會試圖想要努力去除被叱責的原因，這種行動便是一種迴避行動。

之前的實驗是只要碰到桿子才會切斷電流，因此只要鈴聲一響起便會想要去碰桿子。所以部屬若採取迴避叱責的行動也無法逃避叱責，部屬便不會自我反省。

所以，凡事都罵與凡事都不罵是一樣的，常罵部屬會讓部屬難以自我反省。社長嚴肅的樣子，其實就已對部屬產生叱責的效果了。

●徒勞無功型的責罵方法⑧

部屬沒有感覺到公司及自己的危機時，可將危機故意說得大些

大概沒有人會接受上司無緣無故的大聲叱責。但也有人相當嚴厲地責罵部屬，卻又能得到部屬的諒解。

以下的這個例子可以讓您更了解這種心理狀態。

前面我們提過土光敏夫這個人，這是他為了迴避經營危機從石川島播磨進入東芝時的事

徒勞無功型部屬的區分方法①

看起來很遲鈍，但別人絕對無法進入他的內心世界

對人生與人有隔閡感

。當時土光嘴一開就是：「去死！」

只要不惹他生氣就萬事平安的員工，都被他罵過說：「你們這樣也想重建東芝嗎？我會幫你們善後的，去死吧！」這句話幾乎成了土光的口頭禪。

以常理推斷，上司對你說「去死吧！」部屬大都沒辦法接受。但大家都知道土光先生卻因此而成功地重建了東芝。

當公司陷入危機時，大家一定都會有「一定要想想辦法」的緊張感，但大企業往往沒有這種緊張感。責罵部屬有時就是為了傳達這種緊張感。因「千面人」騷動而搖搖欲墜的森永公司員工，連假日也出來推銷產品，便是基於這種心理。

所以，平常犯點小錯也不原諒的緊張感，若在平常大家就意識到了，被罵的心理準備也就有了。

這種緊張感若由上司個人發出，部屬多半可以坦然接受，這會因部屬對上司的信賴感有所不同，但會認為上面的責罵是理所當然的。

●徒勞無功型的責罵方法⑨

部屬若無反省之心，故意罵別人給他看讓他覺得不好意思

每家公司都有這種人：經常遲到，工作時聊天，工作態度不好。這種人上司也罵過他了，但一點也沒用。對這種員工大概很多上司都會很想放棄，不過別氣餒，還是有方法的。

前巨人隊的領隊川上哲治先生，他不會直接罵選手，多半是透過教練。職棒中領隊是管理職，教練則是中間管理職。中間管理職教練便當「壞人」來罵部屬。川上先生對經常犯錯的部屬會故意在他面前罵他的教練說：「你是怎麼教的？錯誤老是改不過來。」聽到這些話的球員都會覺得很不好意思，並決定改變自己的缺點。

這是川上領隊與教練演的戲，這種方法也可以用於一般的公司。

比方常有員工遲到，部長雖然知道但也不要開口。他可以罵課長說：「你不會教導部屬。」管理職與中間管理職若能很有默契地演這場戲，再怎麼態度惡劣的部屬也會思改進。

這個方法還有一個效果是對態度惡劣的員工也不會招來反抗。自己的直屬上司因自己被罵，他對這樣的責罵只會覺得自責。

這種態度惡劣的部屬你罵他，他也不會聽進去，這種間接的責罵方式反而有意外的效果，但這戲要演之前，上司之間最好事先商量好。

●徒勞無功型的責罵方法⑩

責罵沒有效果時，可強調自己是很會罵人的

三木武吉這個人也許年輕這輩的有很多人不認識他，他是日本前首相吉田茂最害怕的政治家。有一次三木武吉說：「要打敗對方有時也必需用卑鄙的手段，或是說說謊。不過，說謊時自己不可以覺得自己是在說謊，要全心投入才可說服別人。」

也只有擅於操縱人的三木武吉才會想得出這種說服技巧。其實，若你自己都不相信自己，要叫別人如何相信你，其實說服對方的，有時不是話的內容，而是說話者的態度。

老資格的銷售員都會好好研究自己的商品，了解了自己的商品，他們的業績也跟著扶搖直上。

有的人在罵部屬時自己還一邊在看資料，這是非常不智的。這不但讓對方覺得你不是很認真在看待這件事，也會讓部屬以為你根本看不起他。

尤其忙的時候，更會引起部屬這種誤解，所以罵人的時候要專心。

●徒勞無功型的責罵方法⑪
部屬沒有感覺到自己的錯誤時，可以故意問他一些抽象的問題

有一天聽一個女學生說有一個算命的很準，他只要問你一、二句話就知道你現在心中在煩惱什麼?

比方問說「這一個禮拜有什麼事比較特別」?他把她有一個訂了婚的男朋友及他的職業，甚至連她父母反對她正在煩惱也說了出來。

我覺得厲害的算命師應該是很好的心理學家，這個例子便是一個很好的例子。我的學生在算命師的誘導下，下意識地把心中的煩惱都說了出來。

當人被問到很抽象的問題時，反而會下意識地說出正確的事實，我的學生與算命師的例子便是很好的證明。

這種應用抽象的言語的心理技巧，當然也可以應用在上司責罵部屬時。比方有一個部屬犯了大錯，自己仍然沒有感覺。此時因為他從一開始就沒有察覺到，所以你直接大聲叱責他

，他會一頭霧水，當然也就不會自我反省。

你可以把他叫來說「你最近做事還像不夠嚴格」「是不是有點疲累」，這樣可以讓對方想到自己是否什麼地方做錯了。這種方法應該比你罵他一百句還有效。

●徒勞無功型的責罵方法⑫

部屬認為錯誤是個人的責任時，可強調連帶責任

一個外國朋友在研究日本企業時發現日本有一個風氣，那就是「連帶責任」。明明就是一個人犯錯，為什麼其他人也要負責任呢？日本是把工作視為一個團隊的分工，而不是個人的職責。

當集團在工作進行時，一定會有精神疲軟的時候，這時大家都要提高警覺。一個人犯了錯絕不止是他個人的責任，是大家的責任，也就是「一罰百戒」。「一罰百戒」可使大家分擔責任，並防止錯誤的傳染。

我認識的一個社長用這種方法，聽說效果很好。他罵一個人時一定也會把大家叫來，並說：「你們不要再和他犯一樣的錯。」事後錯誤也真的減少了許多。

強調連帶責任，「全員分擔錯誤的責任」這種方法可以防止錯誤的傳染，也有助於提升團隊精神。

高中的一個棒球隊，只要一個人犯錯，內野手全部都要被打一百下，這種錯誤由大家來分擔的結果，會使犯錯的人得到徹底的反省。

又因為自己的錯誤牽連了好友及同事，他被罵後反抗心自然也會減少，並決定「下次絕不再犯同樣的錯」。

●徒勞無功型的責罵方法⑬

部屬不聽上司的責罵時，可故意不正面無聲罵他

去演講時我覺得最辛苦的是我與聽衆之間心理上的牽絆。聽衆當中也有人不是來聽我說話的，他們與周圍的人竊竊私語根本沒有在聽我說話。

這時，我會把聲音放低，故意讓對方聽不清楚我在講什麼。這樣一來他們反而專心地聽我在講什麼。其實，他們只是裝作一副對我不關心的樣子，要打開他們封閉的心，其實大聲也沒用。

自己這邊也裝作一副無所謂的樣子，對方反而打開了他們封閉的心。對不聽我講話的人，我故意放低聲音說話，是把製造牽絆的鑰匙遞給對方的一種技巧。

有一天我去拜訪一家認識的公司，依約定的時間前往，剛好看到社長和幾個屬下在小聲地說話，我心裡想平常說話很大聲的社長，今天怎麼這樣小聲地在和部屬討論事情，但看那個樣子又不像，我想想那大概不是一般的討論。之後我問社長是怎麼回事，他回答說：「我剛才在鼓動幹勁。」

人被罵時會像貝殼般將自己的心封閉起來以自我防衛，甚至想把耳朵摀起來，這時你生氣也是白費力氣，我的演講會也一樣。即使他裝作在聽，但因心已封閉了，對叱責話也只是左耳進右耳出而已。

有一個方法就是你故意小聲說話，這樣對方會集中精神想要聽你到底在說什麼，結果就真的把你的話聽進去了。

●徒勞無功型的責罵方法⑭

部屬不認為你是上司時可以改變稱呼以確立「心理上的上下關係」

代表日本洋酒廠商之一的山多利創始者鳥井信治郎翁，不管他的公司多大也不准他的部屬叫他「社長」或是「會長」，有時叫錯了他還會當場糾正說：「不可以叫我社長，要叫我大將。」他的確明確掌握了與部屬之間心理上的上下關係。《大將——家來》《社長——部屬》大將這個詞比社長更強調上下關係。

實際上要對方怎麼稱你及你怎麼稱呼對方，對雙方的人際關係有很微妙的影響。尤其上司如何稱呼部屬這是非常重要的。

松下幸之助與鳥井翁一樣，對區分部屬的稱呼都很厲害。比方一個「你」就有好多種說法，視情況改變接尾詞是他們的特長。

尤其在罵不把上司當上司的部屬時，如何稱呼對方更加重要。因為這種人對上下關係的認識很淺薄，對人與人之間的關係也裝作不在乎。所以首先你要讓他認識上下關係。你可以先改變叫他的方法，這樣等於明顯區分出你們的上下關係。

比方，平常叫他「山田先生」，現在可以改叫他「山田！這是怎麼回事」。區分叫他的話，會使不把你當上司的部屬，再度釐清你們的上下關係。

●徒勞無功型的責罵方法⑮

部屬難以察覺自己的錯誤時，可藉比喻的話提醒他

這是我偶然在報上看到的，前不久去世的棒球評論家大杉勝男還是選手時，有一個教練對他說：「對月亮打！」你是全壘打打者小揮不可，必需大大地揮出去，聽完這個比喻大杉先生果真發揮他的打擊力。

叫他這樣打、那樣打，還不如這句比喻的話來得有效果。

責罵部屬時若部屬沒感覺到自己的缺點，可用比喻的方法。具體指責對方，會使對方心生反抗且效果也不好。

新日鐵社長武田豐，在戰後離開製鐵（現・新日鐵）設立銑鐵愬和會團體時，到處東奔西走，有一天永野重雄（當時・日鐵常務）請他到家裡吃飯。永野先生把武田帶到庭院的池子邊說：

「這池中的鯉魚和金魚都不會長大，因為這個池子太小了，若把牠們放到更大一點的池子……」

敏感的武田立刻就理解到，永野先生是在提醒他——不要變成井底之蛙。欣賞武田的永野又說：「不可在這做大將，必需到更大的池子去。」他這是暗示他應該要復社。

這種比喻的效果可用在責罵部屬時，尤其是對方沒有察到自己的缺點時，這個比喻方法效果奇佳。

大家一定都有這樣的經驗：自己還沒察覺，突然別人就把你臭罵一頓，若用比喻的方法，你的反抗心大概就不會有了。

所以當部屬犯錯時大聲叱責反而沒有效果。**運用這種比喻的方法，可使部屬冷靜下來，想想你話中的真意。**

●徒勞無功型的責罵方法⑯

怎麽罵都沒反應的部屬，可一次痛罵他一頓

人的心理、肉體若被逼到一個地步，超過飽和點時便會爆發。恢復成原來自我的力量若導向正確的方向，人的能力可發揮得很好，若導向錯誤的方向，人生也注定要破滅。

責罵部屬時多半部屬心中會心生反抗，會罵人的上司是可以把部屬的反抗處理得很好。不過，其中也有不管你如何罵他，他也不會有反抗心的，對這種部屬你一次把他痛罵一頓，使他的心理達到極限狀態的效果。故意引發他的反抗心，使他的反抗心轉向工作。不過，若沒有真正地引起他的反抗心反而不好。即使在中途也不要和部屬妥協，一定要把他逼到頂點，然後等他完成了一件事再稱讚他集中力強。

●徒勞無功型的責罵方法⑰

不管對方是什麽型的，只要是你錯誤就該道歉

我認識的一個社長苦笑著告訴我說：有一次他狠狠地罵了秘書課長一頓。原因是他把重要的資料遺失了。秘書課長徹夜找了一夜也沒找著。

但是，一個禮拜後在自己家中的抽屜發現了那份資料，當然他必須道歉。當時他罵得很兇但他還是道歉了。當然那位秘書課長對社長親自低頭向他道歉一定很感動。

有的人或許會想，若我向部屬道歉，那不是喪失了我的權威嗎？想到這點他們便怯於道歉。

徒勞無功型部屬的區分方法②

與人對立時會立刻想逃離

再重大的事他也不會緊張、慌亂

其實不道歉反而會有反效果，同時也無法得到部屬的信賴。

若上司肯衷心地向部屬道歉，部屬一定會認定你是個誠實的人，他對你也會很肯賣力。

一個公平誠實的上司，部屬對你的叱責一定也會誠心接受。

若你因想保持威嚴而沈默不道歉，下次你罵他的時候，他必定不會接受你的責罵。

●徒勞無功型的責駡方法⑱

不管哪一種部屬在責罵時，只有表現出自己的「個性」及人性化的一面才會得到對方的信賴

我們介紹了各種責罵的方法。責罵是一種人格與人格衝突的行為，最後我想介紹一下上司必需以人性化的一面責罵部屬才是最理想的。比方A有A的個性，而B有B的個性，每個人的個性都不同。

責罵部屬必需視每個人的個性，再來決定責罵的方式。

用別人的方法來罵部屬，這也要使部屬無法辨識真正的你。比方一直罵小孩都很兇的母親，在聽了教育論後，忽然對他笑笑地，這會使小孩混亂。更不用說對方是大人了，那只會產生反效果。

反過來說，責罵是人格與人格的衝突，若隱藏個性反而不好。上司與部屬在工作關係中已有了長久的人際關係，忽視上司的個性責罵部屬並不好。

總之，在自己的器量中來責罵是很重要的。部屬犯錯時上司大聲叱責雖不是好的責罵方式，但也許那就是他的正字標記。

假如部屬認為「那個上司很容易生氣！他的個性就是如此」，他能承認這點表示你們的溝通成立。罵人不是那麼簡單的，若在最後加上一句「好好加油」，不僅可以顯出自己的「個性」，又可提高責罵的效果。

除了自己的「個性」外，事後的補足手段也是不可忽視的。

偏離自己的個性反而會有反效果，不妨依自己的個性來責罵部屬吧！

大展出版社有限公司 圖書目錄

地址：台北市北投區11204
致遠一路二段12巷1號
郵撥： 0166955～1
電話：（02）8236031
8236033
傳眞：（02）8272069

・法律專欄連載・電腦編號58

台大法學院 法律學系／策劃
法律服務社／編著

①別讓您的權利睡著了[1]	180元
②別讓您的權利睡著了[2]	180元

・趣味心理講座・電腦編號15

①性格測驗1	探索男與女	淺野八郎著	140元
②性格測驗2	透視人心奧秘	淺野八郎著	140元
③性格測驗3	發現陌生的自己	淺野八郎著	140元
④性格測驗4	發現你的真面目	淺野八郎著	140元
⑤性格測驗5	讓你們吃驚	淺野八郎著	140元
⑥性格測驗6	洞穿心理盲點	淺野八郎著	140元
⑦性格測驗7	探索對方心理	淺野八郎著	140元
⑧性格測驗8	由吃認識自己	淺野八郎著	140元
⑨性格測驗9	戀愛知多少	淺野八郎著	140元
⑩性格測驗10	由裝扮瞭解人心	淺野八郎著	140元
⑪性格測驗11	敲開內心玄機	淺野八郎著	140元
⑫性格測驗12	透視你的未來	淺野八郎著	140元
⑬血型與你的一生		淺野八郎著	140元
⑭趣味推理遊戲		淺野八郎著	140元

・婦 幼 天 地・電腦編號16

①八萬人減肥成果	黃靜香譯	150元
②三分鐘減肥體操	楊鴻儒譯	130元
③窈窕淑女美髮秘訣	柯素娥譯	130元
④使妳更迷人	成　玉譯	130元
⑤女性的更年期	官舒妍編譯	130元
⑥胎內育兒法	李玉瓊編譯	120元
⑧初次懷孕與生產	婦幼天地編譯組	180元

⑨初次育兒12個月	婦幼天地編譯組	180元
⑩斷乳食與幼兒食	婦幼天地編譯組	180元
⑪培養幼兒能力與性向	婦幼天地編譯組	180元
⑫培養幼兒創造力的玩具與遊戲	婦幼天地編譯組	180元
⑬幼兒的症狀與疾病	婦幼天地編譯組	180元
⑭腿部苗條健美法	婦幼天地編譯組	150元
⑮女性腰痛別忽視	婦幼天地編譯組	150元
⑯舒展身心體操術	李玉瓊編譯	130元
⑰三分鐘臉部體操	趙薇妮著	120元
⑱生動的笑容表情術	趙薇妮著	120元
⑲心曠神怡減肥法	川津祐介著	130元
⑳內衣使妳更美麗	陳玄茹譯	130元
㉑瑜伽美姿美容	黃靜香編著	150元
㉒高雅女性裝扮學	陳珮玲譯	180元

•青春天地• 電腦編號17

①A血型與星座	柯素娥編譯	120元
②B血型與星座	柯素娥編譯	120元
③O血型與星座	柯素娥編譯	120元
④AB血型與星座	柯素娥編譯	120元
⑤青春期性教室	呂貴嵐編譯	130元
⑥事半功倍讀書法	王毅希編譯	130元
⑦難解數學破題	宋釗宜編譯	130元
⑧速算解題技巧	宋釗宜編譯	130元
⑨小論文寫作秘訣	林顯茂編譯	120元
⑩視力恢復！超速讀術	江錦雲譯	130元
⑪中學生野外遊戲	熊谷康編著	120元
⑫恐怖極短篇	柯素娥編譯	130元
⑬恐怖夜話	小毛驢編譯	130元
⑭恐怖幽默短篇	小毛驢編譯	120元
⑮黑色幽默短篇	小毛驢編譯	120元
⑯靈異怪談	小毛驢編譯	130元
⑰錯覺遊戲	小毛驢編譯	130元
⑱整人遊戲	小毛驢編譯	120元
⑲有趣的超常識	柯素娥編譯	130元
⑳哦！原來如此	林慶旺編譯	130元
㉑趣味競賽100種	劉名揚編譯	120元
㉒數學謎題入門	宋釗宜編譯	150元
㉓數學謎題解析	宋釗宜編譯	150元
㉔透視男女心理	林慶旺編譯	120元

㉕少女情懷的自白	李桂蘭編譯	120元
㉖由兄弟姊妹看命運	李玉瓊編譯	130元
㉗趣味的科學魔術	林慶旺編譯	150元
㉘趣味的心理實驗室	李燕玲編譯	150元
㉙愛與性心理測驗	小毛驢編譯	130元
㉚刑案推理解謎	小毛驢編譯	130元
㉛偵探常識推理	小毛驢編譯	130元
㉜偵探常識解謎	小毛驢編譯	130元
㉝偵探推理遊戲	小毛驢編譯	130元
㉞趣味的超魔術	廖玉山編著	150元
㉟趣味的珍奇發明	柯素娥編著	150元

•健 康 天 地• 電腦編號18

①壓力的預防與治療	柯素娥編譯	130元
②超科學氣的魔力	柯素娥編譯	130元
③尿療法治病的神奇	中尾良一著	130元
④鐵證如山的尿療法奇蹟	廖玉山譯	120元
⑤一日斷食健康法	葉慈容編譯	120元
⑥胃部強健法	陳炳崑譯	120元
⑦癌症早期檢查法	廖松濤譯	130元
⑧老人痴呆症防止法	柯素娥編譯	130元
⑨松葉汁健康飲料	陳麗芬編譯	130元
⑩揉肚臍健康法	永井秋夫著	150元
⑪過勞死、猝死的預防	卓秀貞編譯	130元
⑫高血壓治療與飲食	藤山順豐著	150元
⑬老人看護指南	柯素娥編譯	150元
⑭美容外科淺談	楊啟宏著	150元
⑮美容外科新境界	楊啟宏著	150元
⑯鹽是天然的醫生	西英司郎著	140元

•實用女性學講座• 電腦編號19

①解讀女性內心世界	島田一男著	150元
②塑造成熟的女性	島田一男著	150元

•校 園 系 列• 電腦編號20

①讀書集中術	多湖輝著	150元
②應考的訣竅	多湖輝著	150元
③輕鬆讀書贏得聯考	多湖輝著	150元

・實用心理學講座・電腦編號21

①拆穿欺騙伎倆	多湖輝著	140元
②創造好構想	多湖輝著	140元
③面對面心理術	多湖輝著	140元
④僞裝心理術	多湖輝著	140元
⑤透視人性弱點	多湖輝著	140元
⑥自我表現術	多湖輝著	150元
⑦不可思議的人性心理	多湖輝著	150元
⑧催眠術入門	多湖輝著	150元
⑨責罵部屬的藝術	多湖輝著	150元
⑩精神力	多湖輝著	150元

・超現實心理講座・電腦編號22

①超意識覺醒法	詹蔚芬編譯	130元
②護摩秘法與人生	劉名揚編譯	130元
③秘法！超級仙術入門	陸　明譯	150元
④給地球人的訊息	柯素娥編著	150元
⑤密教的神通力	劉名揚編著	130元
⑥神秘奇妙的世界	平川陽一著	180元

・養 生 保 健・電腦編號23

①醫療養生氣功	黃孝寬著	250元

・心 靈 雅 集・電腦編號00

①禪言佛語看人生	松濤弘道著	150元
②禪密教的奧秘	葉逯謙譯	120元
③觀音大法力	田口日勝著	120元
④觀音法力的大功德	田口日勝著	120元
⑤達摩禪106智慧	劉華亭編譯	150元
⑥有趣的佛教研究	葉逯謙編譯	120元
⑦夢的開運法	蕭京凌譯	130元
⑧禪學智慧	柯素娥編譯	130元
⑨女性佛教入門	許俐萍譯	110元
⑩佛像小百科	心靈雅集編譯組	130元
⑪佛教小百科趣談	心靈雅集編譯組	120元
⑫佛教小百科漫談	心靈雅集編譯組	150元

⑬佛教知識小百科	心靈雅集編譯組	150元
⑭佛學名言智慧	松濤弘道著	180元
⑮釋迦名言智慧	松濤弘道著	180元
⑯活人禪	平田精耕著	120元
⑰坐禪入門	柯素娥編譯	120元
⑱現代禪悟	柯素娥編譯	130元
⑲道元禪師語錄	心靈雅集編譯組	130元
⑳佛學經典指南	心靈雅集編譯組	130元
㉑何謂「生」　阿含經	心靈雅集編譯組	130元
㉒一切皆空　般若心經	心靈雅集編譯組	130元
㉓超越迷惘　法句經	心靈雅集編譯組	130元
㉔開拓宇宙觀　華嚴經	心靈雅集編譯組	130元
㉕真實之道　法華經	心靈雅集編譯組	130元
㉖自由自在　涅槃經	心靈雅集編譯組	130元
㉗沈默的教示　維摩經	心靈雅集編譯組	130元
㉘開通心眼　佛語佛戒	心靈雅集編譯組	130元
㉙揭秘寶庫　密教經典	心靈雅集編譯組	130元
㉚坐禪與養生	廖松濤譯	110元
㉛釋尊十戒	柯素娥編譯	120元
㉜佛法與神通	劉欣如編著	120元
㉝悟（正法眼藏的世界）	柯素娥編譯	120元
㉞只管打坐	劉欣如編譯	120元
㉟喬答摩・佛陀傳	劉欣如編著	120元
㊱唐玄奘留學記	劉欣如編譯	120元
㊲佛教的人生觀	劉欣如編譯	110元
㊳無門關（上卷）	心靈雅集編譯組	150元
㊴無門關（下卷）	心靈雅集編譯組	150元
㊵業的思想	劉欣如編著	130元
㊶佛法難學嗎	劉欣如著	140元
㊷佛法實用嗎	劉欣如著	140元
㊸佛法殊勝嗎	劉欣如著	140元
㊹因果報應法則	李常傳編	140元
㊺佛教醫學的奧秘	劉欣如編著	150元
㊻紅塵絕唱	海　若著	130元
㊼佛教生活風情	洪丕謨、姜玉珍著	220元

・經 營 管 理・電腦編號01

◎創新經營六十六大計（精）	蔡弘文編	780元
①如何獲取生意情報	蘇燕謀譯	110元
②經濟常識問答	蘇燕謀譯	130元

③股票致富68秘訣	簡文祥譯	100元
④台灣商戰風雲錄	陳中雄著	120元
⑤推銷大王秘錄	原一平著	100元
⑥新創意・賺大錢	王家成譯	90元
⑦工廠管理新手法	琪　輝著	120元
⑧奇蹟推銷術	蘇燕謀譯	100元
⑨經營參謀	柯順隆譯	120元
⑩美國實業24小時	柯順隆譯	80元
⑪撼動人心的推銷法	原一平著	120元
⑫高竿經營法	蔡弘文編	120元
⑬如何掌握顧客	柯順隆譯	150元
⑭一等一賺錢策略	蔡弘文編	120元
⑯成功經營妙方	鐘文訓著	120元
⑰一流的管理	蔡弘文編	150元
⑱外國人看中韓經濟	劉華亭譯	150元
⑲企業不良幹部群相	琪輝編著	120元
⑳突破商場人際學	林振輝編著	90元
㉑無中生有術	琪輝編著	140元
㉒如何使女人打開錢包	林振輝編著	100元
㉓操縱上司術	邑井操著	90元
㉔小公司經營策略	王嘉誠著	100元
㉕成功的會議技巧	鐘文訓編譯	100元
㉖新時代老闆學	黃柏松編著	100元
㉗如何創造商場智囊團	林振輝編譯	150元
㉘十分鐘推銷術	林振輝編譯	120元
㉙五分鐘育才	黃柏松編譯	100元
㉚成功商場戰術	陸明編譯	100元
㉛商場談話技巧	劉華亭編譯	120元
㉜企業帝王學	鐘文訓譯	90元
㉝自我經濟學	廖松濤編譯	100元
㉞一流的經營	陶田生編著	120元
㉟女性職員管理術	王昭國編譯	120元
㊱ＩＢＭ的人事管理	鐘文訓編譯	150元
㊲現代電腦常識	王昭國編譯	150元
㊳電腦管理的危機	鐘文訓編譯	120元
㊴如何發揮廣告效果	王昭國編譯	150元
㊵最新管理技巧	王昭國編譯	150元
㊶一流推銷術	廖松濤編譯	120元
㊷包裝與促銷技巧	王昭國編譯	130元
㊸企業王國指揮塔	松下幸之助著	120元
㊹企業精銳兵團	松下幸之助著	120元

㊺企業人事管理	松下幸之助著	100元
㊻華僑經商致富術	廖松濤編譯	130元
㊼豐田式銷售技巧	廖松濤編譯	120元
㊽如何掌握銷售技巧	王昭國編著	130元
㊿洞燭機先的經營	鐘文訓編譯	150元
52新世紀的服務業	鐘文訓編譯	100元
53成功的領導者	廖松濤編譯	120元
54女推銷員成功術	李玉瓊編譯	130元
55ＩＢＭ人才培育術	鐘文訓編譯	100元
56企業人自我突破法	黃琪輝編著	150元
58財富開發術	蔡弘文編著	130元
59成功的店舖設計	鐘文訓編著	150元
61企管回春法	蔡弘文編著	130元
62小企業經營指南	鐘文訓編譯	100元
63商場致勝名言	鐘文訓編譯	150元
64迎接商業新時代	廖松濤編譯	100元
66新手股票投資入門	何朝乾 編	180元
67上揚股與下跌股	何朝乾編譯	150元
68股票速成學	何朝乾編譯	180元
69理財與股票投資策略	黃俊豪編著	180元
70黃金投資策略	黃俊豪編著	180元
71厚黑管理學	廖松濤編譯	180元
72股市致勝格言	呂梅莎編譯	180元
73透視西武集團	林谷燁編譯	150元
76巡迴行銷術	陳蒼杰譯	150元
77推銷的魔術	王嘉誠譯	120元
78 60秒指導部屬	周蓮芬編譯	150元
79精銳女推銷員特訓	李玉瓊編譯	130元
80企劃、提案、報告圖表的技巧	鄭 汶 譯	180元
81海外不動產投資	許達守編譯	150元
82八百件的世界策略	李玉瓊譯	150元
83服務業品質管理	吳宜芬譯	180元
84零庫存銷售	黃東謙編譯	150元
85三分鐘推銷管理	劉名揚編譯	150元
86推銷大王奮鬥史	原一平著	150元
87豐田汽車的生產管理	林谷燁編譯	150元

•成功寶庫• 電腦編號02

①上班族交際術	江森滋著	100元
②拍馬屁訣竅	廖玉山編譯	110元

④聽話的藝術	歐陽輝編譯	110元
⑨求職轉業成功術	陳　義編著	110元
⑩上班族禮儀	廖玉山編著	120元
⑪接近心理學	李玉瓊編著	100元
⑫創造自信的新人生	廖松濤編著	120元
⑭上班族如何出人頭地	廖松濤編著	100元
⑮神奇瞬間瞑想法	廖松濤編譯	100元
⑯人生成功之鑰	楊意苓編著	150元
⑱潛在心理術	多湖輝　著	100元
⑲給企業人的諍言	鐘文訓編著	120元
⑳企業家自律訓練法	陳　義編譯	100元
㉑上班族妖怪學	廖松濤編著	100元
㉒猶太人縱橫世界的奇蹟	孟佑政編著	110元
㉓訪問推銷術	黃静香編著	130元
㉕你是上班族中強者	嚴思圖編著	100元
㉖向失敗挑戰	黃静香編著	100元
㉙機智應對術	李玉瓊編著	130元
㉚成功頓悟100則	蕭京凌編譯	130元
㉛掌握好運100則	蕭京凌編譯	110元
㉜知性幽默	李玉瓊編譯	130元
㉝熟記對方絕招	黃静香編譯	100元
㉞男性成功秘訣	陳蒼杰編譯	130元
㊱業務員成功秘方	李玉瓊編著	120元
㊲察言觀色的技巧	劉華亭編著	130元
㊳一流領導力	施義彥編譯	120元
㊴一流說服力	李玉瓊編著	130元
㊵30秒鐘推銷術	廖松濤編譯	120元
㊶猶太成功商法	周蓮芬編譯	120元
㊷尖端時代行銷策略	陳蒼杰編著	100元
㊸顧客管理學	廖松濤編著	100元
㊹如何使對方說Yes	程　羲編著	150元
㊺如何提高工作效率	劉華亭編著	150元
㊼上班族口才學	楊鴻儒譯	120元
㊽上班族新鮮人須知	程　羲編著	120元
㊾如何左右逢源	程　羲編著	130元
㊿語言的心理戰	多湖輝著	130元
51扣人心弦演說術	劉名揚編著	120元
53如何增進記憶力、集中力	廖松濤譯	130元
55性惡企業管理學	陳蒼杰譯	130元
56自我啟發200招	楊鴻儒編著	150元
57做個傑出女職員	劉名揚編著	130元

㊽靈活的集團營運術	楊鴻儒編著	120元
⑽個案研究活用法	楊鴻儒編著	130元
⑾企業教育訓練遊戲	楊鴻儒編著	120元
⑿管理者的智慧	程　義編譯	130元
⒀做個佼佼管理者	馬筱莉編譯	130元
⒁智慧型說話技巧	沈永嘉編譯	130元
⒃活用佛學於經營	松濤弘道著	150元
⒄活用禪學於企業	柯素娥編譯	130元
⒅詭辯的智慧	沈永嘉編譯	130元
⒆幽默詭辯術	廖玉山編譯	130元
⑺拿破崙智慧箴言	柯素娥編譯	130元
⑻自我培育・超越	蕭京凌編譯	150元
⑼深層心理術	多湖輝著	130元
⑽深層語言術	多湖輝著	130元
⑾時間即一切	沈永嘉編譯	130元
⑿自我脫胎換骨	柯素娥譯	150元
⒀贏在起跑點—人才培育鐵則	楊鴻儒編譯	150元
⒁做一枚活棋	李玉瓊編譯	130元
⒂面試成功戰略	柯素娥編譯	130元
⒃自我介紹與社交禮儀	柯素娥編譯	130元
⒄說NO的技巧	廖玉山編譯	130元
⒅瞬間攻破心防法	廖玉山編譯	120元
⒆改變一生的名言	李玉瓊編譯	130元
⒇性格性向創前程	楊鴻儒編譯	130元
⒈訪問行銷新竅門	廖玉山編譯	150元
⒉無所不達的推銷話術	李玉瓊編譯	150元

・處 世 智 慧・ 電腦編號03

①如何改變你自己	陸明編譯	120元
②人性心理陷阱	多湖輝著	90元
④幽默說話術	林振輝編譯	120元
⑤讀書36計	黃柏松編譯	120元
⑥靈感成功術	譚繼山編譯	80元
⑧扭轉一生的五分鐘	黃柏松編譯	100元
⑨知人、知面、知其心	林振輝譯	110元
⑩現代人的詭計	林振輝譯	100元
⑫如何利用你的時間	蘇遠謀譯	80元
⑬口才必勝術	黃柏松編譯	120元
⑭女性的智慧	譚繼山編譯	90元
⑮如何突破孤獨	張文志編譯	80元

⑯人生的體驗	陸明編譯	80元
⑰微笑社交術	張芳明譯	90元
⑱幽默吹牛術	金子登著	90元
⑲攻心說服術	多湖輝著	100元
⑳當機立斷	陸明編譯	70元
㉑勝利者的戰略	宋恩臨編譯	80元
㉒如何交朋友	安紀芳編著	70元
㉓鬥智奇謀(諸葛孔明兵法)	陳炳崑著	70元
㉔慧心良言	亦　奇著	80元
㉕名家慧語	蔡逸鴻主編	90元
㉗稱霸者啟示金言	黃柏松編譯	90元
㉘如何發揮你的潛能	陸明編譯	90元
㉙女人身態語言學	李常傳譯	130元
㉚摸透女人心	張文志譯	90元
㉛現代戀愛秘訣	王家成譯	70元
㉜給女人的悄悄話	妮倩編譯	90元
㉞如何開拓快樂人生	陸明編譯	90元
㉟驚人時間活用法	鐘文訓譯	80元
㊱成功的捷徑	鐘文訓譯	70元
㊲幽默逗笑術	林振輝著	120元
㊳活用血型讀書法	陳炳崑譯	80元
㊴心　燈	葉于模著	100元
㊵當心受騙	林顯茂譯	90元
㊶心・體・命運	蘇燕謀譯	70元
㊷如何使頭腦更敏銳	陸明編譯	70元
㊸宮本武藏五輪書金言錄	宮本武藏著	100元
㊹厚黑說服術	多湖輝著	90元
㊺勇者的智慧	黃柏松編譯	80元
㊼成熟的愛	林振輝譯	120元
㊽現代女性駕馭術	蔡德華著	90元
㊾禁忌遊戲	酒井潔著	90元
52摸透男人心	劉華亭編譯	80元
53如何達成願望	謝世輝著	90元
54創造奇蹟的「想念法」	謝世輝著	90元
55創造成功奇蹟	謝世輝著	90元
56男女幽默趣典	劉華亭譯	90元
57幻想與成功	廖松濤譯	80元
58反派角色的啟示	廖松濤編譯	70元
59現代女性須知	劉華亭編著	75元
61機智說話術	劉華亭編譯	100元
62如何突破內向	姜倩怡編譯	110元

⑥④讀心術入門　王家成編譯　100元
⑥⑤如何解除內心壓力　林美羽編著　110元
⑥⑥取信於人的技巧　多湖輝著　110元
⑥⑦如何培養堅強的自我　林美羽編著　90元
⑥⑧自我能力的開拓　卓一凡編著　110元
⑦⓪縱橫交涉術　嚴思圖編著　90元
⑦①如何培養妳的魅力　劉文珊編著　90元
⑦②魅力的力量　姜倩怡編著　90元
⑦③金錢心理學　多湖輝著　100元
⑦④語言的圈套　多湖輝著　110元
⑦⑤個性膽怯者的成功術　廖松濤編譯　100元
⑦⑥人性的光輝　文可式編著　90元
⑦⑧驚人的速讀術　鐘文訓編譯　90元
⑦⑨培養靈敏頭腦秘訣　廖玉山編著　90元
⑧⓪夜晚心理術　鄭秀美編譯　80元
⑧①如何做個成熟的女性　李玉瓊編著　80元
⑧②現代女性成功術　劉文珊編著　90元
⑧③成功說話技巧　梁惠珠編譯　100元
⑧④人生的真諦　鐘文訓編譯　100元
⑧⑤妳是人見人愛的女孩　廖松濤編著　120元
⑧⑦指尖・頭腦體操　蕭京凌編譯　90元
⑧⑧電話應對禮儀　蕭京凌編著　90元
⑧⑨自我表現的威力　廖松濤編譯　100元
⑨⓪名人名語啟示錄　喬家楓編著　100元
⑨①男與女的哲思　程鐘梅編譯　110元
⑨②靈思慧語　牧　風著　110元
⑨③心靈夜語　牧　風著　100元
⑨④激盪腦力訓練　廖松濤編譯　100元
⑨⑤三分鐘頭腦活性法　廖玉山編譯　110元
⑨⑥星期一的智慧　廖玉山編譯　100元
⑨⑦溝通說服術　賴文琇編譯　100元
⑨⑧超速讀超記憶法　廖松濤編譯　120元

・健康與美容・電腦編號04

①B型肝炎預防與治療　曾慧琪譯　130元
③媚酒傳（中國王朝秘酒）　陸明主編　120元
④藥酒與健康果菜汁　成玉主編　150元
⑤中國回春健康術　蔡一藩著　100元
⑥奇蹟的斷食療法　蘇燕謀譯　110元
⑧健美食物法　陳炳崑譯　120元

⑨驚異的漢方療法	唐龍編著	90元
⑩不老強精食	唐龍編著	100元
⑪經脈美容法	月乃桂子著	90元
⑫五分鐘跳繩健身法	蘇明達譯	100元
⑬睡眠健康法	王家成譯	80元
⑭你就是名醫	張芳明譯	90元
⑮如何保護你的眼睛	蘇燕謀譯	70元
⑯自我指壓術	今井義睛著	120元
⑰室內身體鍛鍊法	陳炳崑譯	100元
⑲釋迦長壽健康法	譚繼山譯	90元
⑳腳部按摩健康法	譚繼山譯	120元
㉑自律健康法	蘇明達譯	90元
㉓身心保健座右銘	張仁福著	160元
㉔腦中風家庭看護與運動治療	林振輝譯	100元
㉕秘傳醫學人相術	成玉主編	120元
㉖導引術入門(1)治療慢性病	成玉主編	110元
㉗導引術入門(2)健康・美容	成玉主編	110元
㉘導引術入門(3)身心健康法	成玉主編	110元
㉙妙用靈藥・蘆薈	李常傳譯	90元
㉚萬病回春百科	吳通華著	150元
㉛初次懷孕的10個月	成玉編譯	100元
㉜中國秘傳氣功治百病	陳炳崑編譯	130元
㉞仙人成仙術	陸明編譯	100元
㉟仙人長生不老學	陸明編譯	100元
㊱釋迦秘傳米粒刺激法	鐘文訓譯	120元
㊲痔・治療與預防	陸明編譯	130元
㊳自我防身絕技	陳炳崑編譯	120元
㊴運動不足時疲勞消除法	廖松濤譯	110元
㊵三溫暖健康法	鐘文訓編譯	90元
㊷維他命C新效果	鐘文訓譯	90元
㊸維他命與健康	鐘文訓譯	120元
㊺森林浴—綠的健康法	劉華亭編譯	80元
㊼導引術入門(4)酒浴健康法	成玉主編	90元
㊽導引術入門(5)不老回春法	成玉主編	90元
㊾山白竹（劍竹）健康法	鐘文訓譯	90元
㊿解救你的心臟	鐘文訓編譯	100元
51牙齒保健法	廖玉山譯	90元
52超人氣功法	陸明編譯	110元
53超能力秘密開發法	廖松濤譯	80元
54借力的奇蹟(1)	力拔山著	100元
55借力的奇蹟(2)	力拔山著	100元

(56)五分鐘小睡健康法	呂添發撰	100元
(57)禿髮、白髮預防與治療	陳炳崑撰	100元
(58)吃出健康藥膳	劉大器著	100元
(59)艾草健康法	張汝明編譯	90元
(60)一分鐘健康診斷	蕭京凌編譯	90元
(61)念術入門	黃静香編譯	90元
(62)念術健康法	黃静香編譯	90元
(63)健身回春法	梁惠珠編譯	100元
(64)姿勢養生法	黃秀娟編譯	90元
(65)仙人瞑想法	鐘文訓譯	120元
(66)人蔘的神效	林慶旺譯	100元
(67)奇穴治百病	吳通華著	120元
(68)中國傳統健康法	靳海東著	100元
(69)下半身減肥法	納他夏・史達賓著	110元
(70)使妳的肌膚更亮麗	楊　皓編譯	100元
(71)酵素健康法	楊　皓編譯	120元
(73)腰痛預防與治療	五味雅吉著	100元
(74)如何預防心臟病・腦中風	譚定長等著	100元
(75)少女的生理秘密	蕭京凌譯	120元
(76)頭部按摩與針灸	楊鴻儒譯	100元
(77)雙極療術入門	林聖道著	100元
(78)氣功自療法	梁景蓮著	100元
(79)大蒜健康法	李玉瓊編譯	100元
(80)紅蘿蔔汁斷食療法	李玉瓊譯	120元
(81)健胸美容秘訣	黃靜香譯	100元
(82)鍺奇蹟療效	林宏儒譯	120元
(83)三分鐘健身運動	廖玉山譯	120元
(84)尿療法的奇蹟	廖玉山譯	120元
(85)神奇的聚積療法	廖玉山譯	120元
(86)預防運動傷害伸展體操	楊鴻儒編譯	120元
(87)糖尿病預防與治療	石莉涓譯	150元
(88)五日就能改變你	柯素娥譯	110元
(89)三分鐘氣功健康法	陳美華譯	120元
(90)痛風劇痛消除法	余昇凌譯	120元
(91)道家氣功術	早島正雄著	130元
(92)氣功減肥術	早島正雄著	120元
(93)超能力氣功法	柯素娥譯	130元
(94)氣的瞑想法	早島正雄著	120元

・家庭／生活・電腦編號05

①單身女郎生活經驗談	廖玉山編著	100元
②血型・人際關係	黃靜編著	120元
③血型・妻子	黃靜編著	110元
④血型・丈夫	廖玉山編譯	130元
⑤血型・升學考試	沈永嘉編譯	120元
⑥血型・臉型・愛情	鐘文訓編譯	120元
⑦現代社交須知	廖松濤編譯	100元
⑧簡易家庭按摩	鐘文訓編譯	150元
⑨圖解家庭看護	廖玉山編譯	120元
⑩生男育女隨心所欲	岡正基編著	120元
⑪家庭急救治療法	鐘文訓編著	100元
⑫新孕婦體操	林曉鐘譯	120元
⑬從食物改變個性	廖玉山編譯	100元
⑭藥草的自然療法	東城百合子著	200元
⑮糙米菜食與健康料理	東城百合子著	元
⑯現代人的婚姻危機	黃　靜編著	90元
⑰親子遊戲　0歲	林慶旺編譯	100元
⑱親子遊戲　1～2歲	林慶旺編譯	110元
⑲親子遊戲　3歲	林慶旺編譯	100元
⑳女性醫學新知	林曉鐘編譯	130元
㉑媽媽與嬰兒	張汝明編譯	150元
㉒生活智慧百科	黃　靜編譯	100元
㉓手相・健康・你	林曉鐘編譯	120元
㉔菜食與健康	張汝明編譯	110元
㉕家庭素食料理	陳東達著	140元
㉖性能力活用秘法	米開・尼里著	130元
㉗兩性之間	林慶旺編譯	120元
㉘性感經穴健康法	蕭京凌編譯	110元
㉙幼兒推拿健康法	蕭京凌編譯	100元
㉚談中國料理	丁秀山編著	100元
㉛舌技入門	增田豐　著	130元
㉜預防癌症的飲食法	黃静香編譯	150元
㉝性與健康寶典	黃静香編譯	180元
㉞正確避孕法	蕭京凌編譯	130元
㉟吃的更漂亮美容食譜	楊萬里著	120元
㊱圖解交際舞速成	鐘文訓編譯	150元
㊲觀相導引術	沈永嘉譯	130元
㊳初為人母12個月	陳義譯	130元

㊴圖解麻將入門	顧安行編譯	130元
㊵麻將必勝秘訣	石利夫編譯	130元
㊶女性一生與漢方	蕭京凌編譯	100元
㊷家電的使用與修護	鐘文訓編譯	130元
㊸錯誤的家庭醫療法	鐘文訓編譯	100元
㊹簡易防身術	陳慧珍編譯	130元
㊺茶健康法	鐘文訓編譯	130元
㊼生活的藝術	沈永嘉編著	120元
㊽雜草雜果健康法	沈永嘉編著	120元
㊾如何選擇理想妻子	荒谷慈著	110元
㊿如何選擇理想丈夫	荒谷慈著	110元
(51)中國食與性的智慧	根本光人著	150元
(52)開運法話	陳宏男譯	100元
(53)禪語經典＜上＞	平田精耕著	150元
(54)禪語經典＜下＞	平田精耕著	150元
(55)手掌按摩健康法	鐘文訓譯	150元
(56)脚底按摩健康法	鐘文訓譯	150元
(57)仙道運氣健身法	高藤聰一郎著	150元
(58)健心、健體呼吸法	蕭京凌譯	120元
(59)自彊術入門	蕭京凌譯	120元
(60)指技入門	增田豐著	130元
(61)下半身鍛鍊法	增田豐著	150元
(62)表象式學舞法	黃靜香編譯	180元
(63)圖解家庭瑜伽	鐘文訓譯	130元
(64)食物治療寶典	黃靜香編譯	130元
(65)智障兒保育入門	楊鴻儒譯	130元
(66)自閉兒童指導入門	楊鴻儒譯	150元
(67)乳癌發現與治療	黃靜香譯	130元
(68)盆栽培養與欣賞	廖啟新編譯	150元
(69)世界手語入門	蕭京凌編譯	150元
(70)賽馬必勝法	李錦雀編譯	200元
(71)中藥健康粥	蕭京凌編譯	120元
(72)健康食品指南	劉文珊編譯	130元
(73)健康長壽飲食法	鐘文訓編譯	150元
(74)夜生活規則	增田豐著	120元
(75)自製家庭食品	鐘文訓編譯	180元
(76)仙道帝王招財術	廖玉山譯	130元
(77)「氣」的蓄財術	劉名揚譯	130元
(78)佛教健康法入門	劉名揚譯	130元
(79)男女健康醫學	郭汝蘭譯	150元
(80)成功的果樹培育法	張煌編譯	130元

㉛實用家庭菜園	孔翔儀編譯	130元
㉜氣與中國飲食法	柯素娥編譯	130元
㉝世界生活趣譚	林其英著	160元
㉞胎教二八〇天	鄭淑美譯	180元
㉟酒自己動手釀	柯素娥編著	160元

・命理與預言・電腦編號06

①星座算命術	張文志譯	120元
③圖解命運學	陸明編著	100元
④中國秘傳面相術	陳炳崑編著	110元
⑤輪迴法則（生命轉生的秘密）	五島勉著	80元
⑥命名彙典	水雲居士編著	100元
⑦簡明紫微斗術命運學	唐龍編著	130元
⑧住宅風水吉凶判斷法	琪輝編譯	120元
⑨鬼谷算命秘術	鬼谷子著	150元
⑫簡明四柱推命學	李常傳編譯	150元
⑭十二支命相學	王家成譯	80元
⑮啟示錄中的世界末日	蘇燕謀編譯	80元
⑯簡明易占學	黃小娥著	100元
⑰指紋算命學	邱夢蕾譯	90元
⑱樸克牌占卜入門	王家成譯	100元
⑲Ａ血型與十二生肖	鄒雲英編譯	90元
⑳Ｂ血型與十二生肖	鄒雲英編譯	90元
㉑Ｏ血型與十二生肖	鄒雲英編譯	100元
㉒ＡＢ血型與十二生肖	鄒雲英編譯	90元
㉓筆跡占卜學	周子敬著	120元
㉔神秘消失的人類	林達中譯	80元
㉕世界之謎與怪談	陳炳崑譯	80元
㉖符咒術入門	柳玉山人編	100元
㉗神奇的白符咒	柳玉山人編	160元
㉘神奇的紫符咒	柳玉山人編	120元
㉙秘咒魔法開運術	吳慧鈴編譯	180元
㉚中國式面相學入門	蕭京凌編著	90元
㉛改變命運的手相術	鐘文訓編著	120元
㉜黃帝手相占術	鮑黎明著	130元
㉝惡魔的咒法	杜美芳譯	150元
㉞脚相開運術	王瑞禎譯	130元
㉟面相開運術	許麗玲譯	150元
㊱房屋風水與運勢	邱震睿編譯	160元
㊲商店風水與運勢	邱震睿編譯	130元

㊳諸葛流天文遁甲　巫立華譯　150元
㊴聖帝五龍占術　廖玉山譯　180元
㊵萬能神算　張助馨編著　120元
㊶神祕的前世占卜　劉名揚譯　150元
㊷諸葛流奇門遁甲　巫立華譯　150元
㊸諸葛流四柱推命　巫立華譯　180元

•教養特輯• 電腦編號07

①管教子女絕招　多湖輝著　70元
⑤如何教育幼兒　林振輝譯　80元
⑥看圖學英文　陳炳崑編著　90元
⑦關心孩子的眼睛　陸明編　70元
⑧如何生育優秀下一代　邱夢蕾編著　100元
⑨父母如何與子女相處　安紀芳編譯　80元
⑩現代育兒指南　劉華亭編譯　90元
⑫如何培養自立的下一代　黃静香編譯　80元
⑬使用雙手增強腦力　沈永嘉編譯　70元
⑭教養孩子的母親暗示法　多湖輝著　90元
⑮奇蹟教養法　鐘文訓編譯　90元
⑯慈父嚴母的時代　多湖輝著　90元
⑰如何發現問題兒童的才智　林慶旺譯　100元
⑱再見！夜尿症　黃静香編譯　90元
⑲育兒新智慧　黃静編譯　90元
⑳長子培育術　劉華亭編譯　80元
㉑親子運動遊戲　蕭京凌編譯　90元
㉒一分鐘刺激會話法　鐘文訓編著　90元
㉓啟發孩子讀書的興趣　李玉瓊編著　100元
㉔如何使孩子更聰明　黃静編著　100元
㉕３・４歲育兒寶典　黃静香編譯　100元
㉖一對一教育法　林振輝編譯　100元
㉗母親的七大過失　鐘文訓編譯　100元
㉘幼兒才能開發測驗　蕭京凌編譯　100元
㉙教養孩子的智慧之眼　黃静香編譯　100元
㉚如何創造天才兒童　林振輝編譯　90元
㉛如何使孩子數學滿點　林明嬋編著　100元

•消遣特輯• 電腦編號08

①小動物飼養秘訣　徐道政譯　120元
②狗的飼養與訓練　張文志譯　100元

③四季釣魚法	釣朋會編	120元
④鴿的飼養與訓練	林振輝譯	120元
⑤金魚飼養法	鐘文訓編譯	130元
⑥熱帶魚飼養法	鐘文訓編譯	180元
⑦有趣的科學（動腦時間）	蘇燕謀譯	70元
⑧妙事多多	金家驊編譯	80元
⑨有趣的性知識	蘇燕謀編譯	100元
⑩圖解攝影技巧	譚繼山編譯	220元
⑪100種小鳥養育法	譚繼山編譯	200元
⑫樸克牌遊戲與贏牌秘訣	林振輝編譯	120元
⑬遊戲與餘興節目	廖松濤編著	100元
⑭樸克牌魔術・算命・遊戲	林振輝編譯	100元
⑯世界怪動物之謎	王家成譯	90元
⑰有趣智商測驗	譚繼山譯	120元
⑲絕妙電話遊戲	開心俱樂部著	80元
⑳透視超能力	廖玉山譯	90元
㉑戶外登山野營	劉青篁編譯	90元
㉒測驗你的智力	蕭京凌編著	90元
㉓有趣數字遊戲	廖玉山編著	90元
㉔巴士旅行遊戲	陳羲編著	110元
㉕快樂的生活常識	林泰彥編著	90元
㉖室內室外遊戲	蕭京凌編著	110元
㉗神奇的火柴棒測驗術	廖玉山編著	100元
㉘醫學趣味問答	陸明編譯	90元
㉙樸克牌單人遊戲	周蓮芬編譯	100元
㉚靈驗樸克牌占卜	周蓮芬編譯	120元
㉜性趣無窮	蕭京凌編譯	110元
㉝歡樂遊戲手册	張汝明編譯	100元
㉞美國技藝大全	程玫立編譯	100元
㉟聚會即興表演	高育強編譯	90元
㊱恐怖幽默	幽默選集編譯組	120元
㊲兩性幽默	幽默選集編譯組	100元
㊹藝術家幽默	幽默選集編譯組	100元
㊺旅遊幽默	幽默選集編譯組	100元
㊻投機幽默	幽默選集編譯組	100元
㊼異色幽默	幽默選集編譯組	100元
㊽青春幽默	幽默選集編譯組	100元
㊾焦點幽默	幽默選集編譯組	100元
㊿政治幽默	幽默選集編譯組	130元
(51)美國式幽默	幽默選集編譯組	130元

國立中央圖書館出版品預行編目資料

責罵部屬的藝術／多湖輝著；馬曉莉譯
—初版—臺北市；大展，民83
面；　公分—（實用心理學講座；9）
譯自：タイプ別部下の叱り方
ISBN 957-557-458-3（平裝）

1. 人際關係

177.3　　83005910

本書原書名：タイプ別部下の叱り方
著　　者：Akira Tago ©1992
發 行 所：株式會社ごま書房
版權代理：宏儒企業有限公司

ISBN 957-557-458-3

責罵部屬的藝術

原 著 者／多 湖 輝
編 譯 者／馬 曉 莉
發 行 人／蔡 森 明
出 版 者／大展出版社有限公司
社　　址／台北市北投區（石牌）
致遠一路二段12巷1號
電　　話／（02）8236031・8236033
傳　　眞／（02）8272069
郵政劃撥／0166955－1
登 記 證／局版臺業字第2171號

法律顧問／劉 鈞 男 律師
承 印 者／國順圖書印刷公司
裝　　訂／日新裝訂所
排 版 者／千賓電腦打字有限公司
電　　話／（02）8836052
初　　版／1994年（民83年）8月
定　　價／150元

大展好書 好書大展

大展好書
好書大展